LA MAGIA
DE LA LUNA

Ippolita Douglas Scotti
di Vigoleno

LA MAGIA
DE LA LUNA

Historia, leyendas y rituales

Textos: Ippolita Douglas Scotti di Vigoleno

Las recetas y compuestos descritos en este volumen están hechos a base de sustancias naturales, algunas de las cuales, en cantidades inadecuadas, pueden resultar tóxicas. De todos modos, este libro no pretende ser un manual médico o terapéutico. Ten en cuenta que la elección y prescripción de una terapia (o tratamiento) apropiada compete exclusivamente a tu médico o especialista, que es quien puede evaluar los posibles efectos secundarios (intoxicaciones, intolerancias y alergias). Las informaciones, preparados y sugerencias recogidos en esta obra tienen un carácter informativo y no terapéutico. Por todo ello, ni la autora ni el editor son responsables de los posibles daños o accidentes derivados del uso de estas informaciones sin la necesaria supervisión médica (autoterapia, automedicación, autoprofilaxis, etc.).

© 2023, Editorial LIBSA
C/ Puerto de Navacerrada, 88
28935. Móstoles. Madrid
Tel. (34) 91 657 25 80
e-mail: libsa@libsa.es
www.libsa.es

ISBN: 978-84-662-4231-8
Derechos exclusivos de edición para todos los países de habla española.
Traducción: Iria Casal Romero
Título original: *La magia della Luna*
© MMXX, Giunti Editore S.p.A.

DL: M-22208- 2022

contenido

a Luna, que es el capricho mismo, se asomó por la ventana mientras dormías en la cuna y se dijo: «Esa criatura me agrada».

Y bajó muellemente por su escalera de nubes y pasó sin ruido a través de los cristales. Luego se tendió sobre ti con la ternura flexible de una madre y depositó en tu faz sus colores. Las pupilas se te quedaron verdes y las mejillas, sumamente pálidas. De contemplar a tal visitante se te agrandaron de manera tan rara los ojos, tan tiernamente te apretó la garganta, que te dejó para siempre ganas de llorar.

Entretanto, en la expansión de su alegría, la Luna llenaba todo el cuarto, como una atmósfera fosfórica, como un veneno luminoso; y toda aquella luz viva estaba pensando y diciendo: «Eternamente has de sentir el influjo de mi beso. Hermosa serás a mi manera. Querrás lo que quiera yo y lo que me quiera a mí: al agua, a las nubes, al silencio y a la noche; al mar inmenso y verde; al agua informe y multiforme; al lugar en que

no estés; al amante que no conozcas; a las flores monstruosas; a los perfumes que hacen delirar; a los gatos que se desmayan sobre los pianos y gimen como mujeres, con voz ronca y suave.

»Y serás amada por mis amantes, cortejada por mis cortesanos. Serás reina de los hombres de ojos verdes a quienes apreté la garganta en mis caricias nocturnas; de los que quieren al mar, al mar inmenso, tumultuoso y verde; al agua informe y multiforme, al sitio en que no están, a la mujer que no conocen, a las flores siniestras que parecen incensarios de una religión desconocida, a los perfumes que turban la voluntad y a los animales salvajes y voluptuosos que son emblema de su locura».

»Y por esto, niña mimada, maldita y querida, estoy ahora tendido a tus pies, buscando en toda tu persona el reflejo de la terrible divinidad, de la fatídica madrina, de la nodriza envenenadora de todos los lunáticos».

Charles Baudelaire [1]
Los beneficios de la Luna

Selene y Endimión, de Ubaldo Gandolfi (c. 1770). **La diosa de la Luna, prendada de Endimión, lo hace sumirse en un sueño eterno para preservar su belleza (Museo del Arte del Condado de Los Ángeles).**

[1] «Poema número 37» de *El spleen de París. Pequeños poemas en prosa.* Traducción de Enrique Díez Canedo, 1935.

INTRODUCCIÓN

isteriosa y mágica, la Luna es una certeza que vela por nosotros como una presencia eterna, tranquilizante y al mismo tiempo inquietante. Desde el principio de la historia, ha sido venerada en todas las mitologías antiguas como protectora nocturna y señora del tiempo que enseña al hombre a vivir en armonía con sus ciclos en su círculo cósmico. Su existencia está ligada al devenir, un ritmo continuo que marca el tiempo en una danza infinita. Astro caprichoso, en su dramática aparición emerge de la oscuridad, crece hasta alcanzar el máximo esplendor, desciende gradualmente y luego se esconde hasta desaparecer. Este cuerpo celeste encarna un mito inmortal, un importante arquetipo primario que ha suscitado siempre gran fascinación en los seres humanos, iluminándolos con su fría belleza y dándoles el sentido del eterno ciclo de la vida.

La naturaleza de la Luna está incluida en su propio ser como símbolo de la relación vida, muerte y renacimiento, luz y oscuridad; un modelo cíclico inagotable intrínseco a la propia regeneración. Por esta manifestación de lo sagrado, la Luna domina los planos biocósmicos que responden a este ciclo vital, siendo capaz no solo de influir en nuestros estados de ánimo, sino también en la naturaleza, en las aguas, en el ritmo de crecimiento de las plantas, el cabello, las uñas y en nuestros instintos más recónditos.

Desde los tiempos más remotos, el intelecto humano ha experimentado su propia posición dentro del orden cósmico observando al astro selénico y a las estrellas, reflexionando acerca del misterio del continuo aniquilamiento y resurgir del cosmos. La Luna, como astro más cercano a nosotros, es el primer punto de referencia que hizo intuir a nuestros antepasados la existencia de lo que está más allá de nuestro planeta y, por tanto, de la vida cotidiana, y es el único sitio fuera de la Tierra que ha pisado el hombre.

Es además el cuerpo celeste en el que se basaron los primeros calendarios y que inspira también a seres que no son humanos, a esos hijos de la Luna que aúllan a su belleza.

La Luna protectora de la navegación. Miniatura realizada por Cristoforo de Predis para *De Sphaera*, c. 1470 (Biblioteca Estense, Módena).

PRIMERA PARTE:

LA LUNA Y LA NATURALEZA

Prolemeus

Astronomia

ENTRE CIENCIA Y MISTERIO

adie es totalmente inmune a la influencia ejercida por la Luna. Los hay que la estudian como único satélite del planeta Tierra. Otros la consideran cómplice y confidente de los amantes o inspiración de canciones y composiciones poéticas. Algunos tienen en cuenta su movimiento y su posición para determinar las influencias astrales que propician las mejores épocas de siembra o de poda. La Luna ha dirigido y acompañado siempre la vida de los seres humanos desde los albores de su existencia y en cualquier parte del mundo.

Ptolomeo observando la Luna y las estrellas. Grabado policromado realizado a mano para *Margarita Philosophica*, el tratado enciclopédico de Gregor Reisch publicado en Friburgo en 1503.

Científicos, soñadores, poetas, videntes y agricultores han hecho de la Luna una referencia imprescindible y determinante.

La Luna tiene un significado para todos ellos. Gracias a esta multiplicidad de aspectos, a su continua mutación unida a la constancia y periodicidad de su cambio, este astro nocturno esconde y desvela al mismo tiempo su misterio; con su cara oculta, que no se deja ver nunca, y su cara reconfortante, que ilumina también nuestros momentos más oscuros.

LA LUNA Y LA CIENCIA

Para los astrónomos y los astrofísicos, la Luna es el único satélite natural de la Tierra que orbita a su alrededor a una distancia media de 384 400 km aproximadamente.

Su recorrido, de hecho, no describe un círculo, sino que —como otros cuerpos del sistema solar— dibuja una elipse. En el punto de mayor acercamiento a la Tierra (perigeo) está a 356 410 km de nuestro planeta, mientras que en su posición más alejada (apogeo) se encuentra a 406 740 km de nosotros.

Cromolitografía que reproduce una visión artística del panorama lunar durante la puesta de Sol. Al fondo, la Tierra. De la obra *Sol, Luna y estrellas,* de Agnes Giberne (Londres, 1884).

Cuando la Luna se encuentra más cercana a nosotros hablamos del fenómeno de la superluna, es decir, su circunferencia se ve un 14 % más grande y hasta un 30 % más luminosa que en una Luna llena normal.

La Luna muestra siempre la misma cara hacia la Tierra y nunca su lado oculto (rotación síncrona). La parte que podemos ver desde la Tierra presenta unos 300 000 cráteres de impacto, y a través del telescopio, además de estas depresiones, se pueden distinguir cadenas montañosas y grandes llanuras denominadas mares lunares.

Durante su movimiento de traslación alrededor de la Tierra, la Luna presenta diversas fases o aspectos, según su orientación con respecto al Sol. Este fenómeno determina el periodo de lunación, es decir, el tiempo empleado por la Luna para volver a la misma fase, que corresponde como media a 27 días, 7 horas, 43 minutos y 12 segundos.

Se distinguen dos fases lunares: una creciente, cuando la parte perceptible, incluso a

La Luna muestra siempre la misma cara hacia la Tierra y jamás su lado oculto

simple vista, aumenta; y una decreciente, cuando esta disminuye.

Hay además dos fases extremas: la del novilunio, cuando la Luna se encuentra en-

tre el Sol y la Tierra —y la parte iluminada por la luz solar no es visible para nosotros— y la del plenilunio, cuando está completamente iluminada.

La Luna se presenta en diversas fases, según su orientación respecto al Sol

Tabla astronómica que describe
los eclipses de Sol y de Luna.
Grabado de James Mynde basado
en un dibujo de James Ferguson
publicado en el tratado de este
astrónomo escocés titulado
*Astronomía explicada sobre los
principios de sir Isaac Newton* (1756).

Tradicionalmente las grandes llanuras y depresiones de la superficie lunar se denominan océanos y mares, aunque en realidad no exista traza alguna de agua. Cuando la Luna empieza a crecer tras la Luna nueva, es posible ver cerca del borde oriental, incluso con unos prismáticos, el mar de las Crisis (*Mare Crisium*). Al sur de este pequeño mar se localizan los cráteres Langrenus, Vendelinus y Furnerius. Cuando la Luna llega al primer cuarto creciente, se pueden ver al norte el mar de la Serenidad (*Mare Serenitatis*) y más abajo el mar de la Tranquilidad (*Mare Tranquillitatis*), el mar del Néctar (*Mare Nectaris*) y el mar de la Fertilidad (*Mare Fœcunditatis*). Durante el plenilunio es posible apreciar incluso el océano de las Tormentas (*Oceanus Procellarum*).

El plenilunio es, paradójicamente, la fase menos indicada para observar la Luna, ya que los cráteres y los mares son más visibles en las fases decreciente o creciente, especialmente a lo largo de la línea de sombra entre la parte iluminada y la parte oculta.

El plenilunio es la fase menos
indicada para observar la
Luna con unos prismáticos o
un pequeño telescopio

LOS ORÍGENES DE LA LUNA

Teniendo en cuenta la datación de los análisis isotópicos practicados a las muestras de roca lunar obtenidas en las seis misiones del Apolo que consiguieron alunizar, hipotéticamente la Luna se habría originado hace aproximadamente 4 500 millones de años.

En cuanto a sus orígenes, hay varias hipótesis, aunque ninguna de ellas es totalmente convincente.

Según la teoría del gran impacto, la Luna se habría formado como resultado de un planetesimal o, lo que es lo mismo, un cuerpo rocoso primordial denominado Theia —por la divinidad de la mitología griega hija de Urano (el Cielo) y de Gea (la Tierra), y madre de Helios (el Sol), Selene (la Luna) y Eos (la Aurora)—.

Este hipotético cuerpo celeste habría colisionado con la Tierra primitiva durante la fase inicial de la formación de nuestro planeta.

El material derivado de este impacto, gracias a la fuerza gravitacional, se quedó en órbita y se le fueron uniendo otras sustancias en el trascurso del tiempo hasta formar la Luna.

En 2011, gracias a los análisis del magma lunar efectuados por la NASA, se puso en duda esta teoría debido a que la Luna presenta una cantidad de agua cien veces mayor de lo estimado en un primer momento, que se creía que se había evaporado durante el impacto.

Los eclipses

Desde el punto de vista científico, los eclipses son un fenómeno natural óptico astronómico que se produce cuando un cuerpo celeste, por ejemplo, un planeta o un satélite, se interpone entre una fuente de luz (una estrella, como el Sol) o un cuerpo que brilla por el reflejo de la luz (la Luna, que no emite luz propia) y el punto desde el que se observa.

No obstante, se habla de eclipse cuando se trata del sistema Sol-Tierra-Luna. En los demás casos se habla de ocultaciones.

Cuando el cuerpo que se interpone es más pequeño que la fuente de luz, por ejemplo, cuando Venus o Marte pasan por delante del disco solar ocultando solo una mínima parte de él, se llama tránsito.

Es eclipse solar cuando la Luna se interpone entre la Tierra y el Sol proyectando un cono de sombra sobre la Tierra. Es eclipse lunar cuando la Tierra proyecta sombra sobre la Luna, fenómeno que se produce cada vez que el eje de la órbita lunar coincide con la dirección Tierra-Sol.

Tradicionalmente, los eclipses, especialmente los de Sol, eran considerados un prodigio y a menudo como un aviso de una inminente catástrofe o de un suceso histórico.

Desde el punto de vista mágico-esotérico, un eclipse de Luna supone una nefasta interrupción del flujo natural y del ciclo de las cosas.

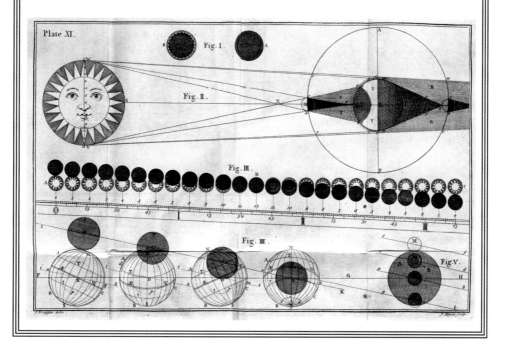

Un pequeño paso para el hombre, un paso gigante para la humanidad

En la madrugada del 20 al 21 de julio de 1969, la misión espacial estadounidense Apolo 11 llevó a los primeros seres humanos a la Luna. Neil Armstrong fue el primero en pisar la superficie lunar y dejó sus huellas en el mar de la Tranquilidad. El momento quedó inmortalizado con la histórica frase: «Un pequeño paso para un hombre, un gran salto para la humanidad».

Tras él, pisó la Luna su compañero Edwin *Buzz* Aldrin. Ambos pasearon dando saltitos durante dos horas y media sobre el fino regolito lunar. No sin dificultad, por la dureza del terreno, consiguieron izar la bandera de barras y estrellas.

Aquellos astronautas recibieron la felicitación del entonces presidente de Estados Unidos, Richard Nixon.

Durante su misión, recogieron alrededor de 21 kg de material, que trajeron a la Tierra para ser analizado. Antes de volver, dejaron una pequeña escultura de aluminio en memoria de los astronautas fallecidos en las misiones precedentes, con una inscripción que dice: «Aquí los hombres del planeta Tierra pisaron por primera vez la Luna, en julio de 1969 d. C. Hemos venido en son de paz en representación de toda la humanidad».

Después se reunieron con Michael Collins, el piloto del Columbia, que los esperaba a bordo de la nave, y emprendieron el viaje de vuelta a la Tierra. Amerizaron el 24 de julio de ese año en el océano Pacífico.

El proyecto lunar estadounidense comenzó en los inicios de la Guerra Fría, cuando Estados Unidos y la Unión Soviética estaban sumidos en una continua competición espacial. Fue la misión más ambiciosa, compleja y costosa que jamás se había afrontado sin finalidad militar.

Reconstrucción artística del primer alunizaje (21 de julio de 1969).

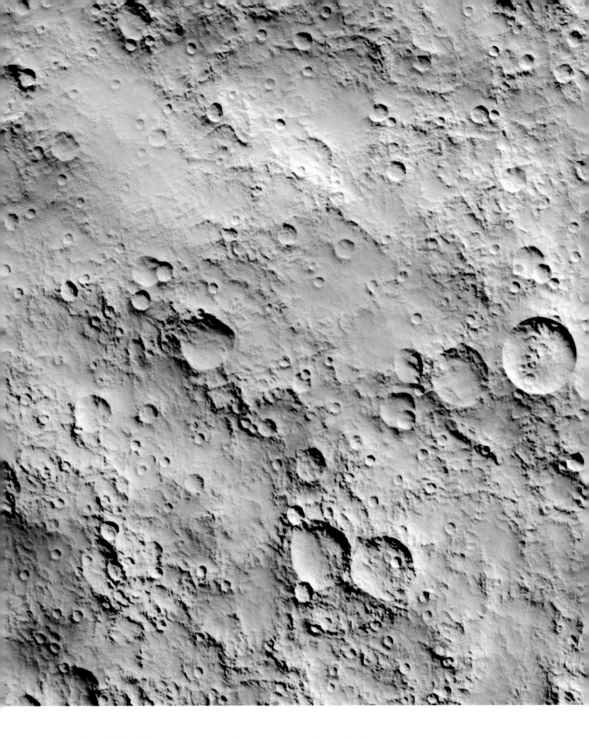

La NASA cree que la cara oculta de la
Luna es más accidentada y montañosa
que su lado visible desde la Tierra

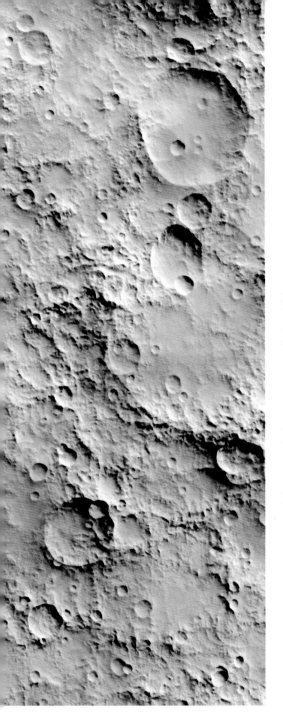

Los cráteres lunares son el resultado del impacto de meteoritos sobre la superficie de nuestro satélite. Al carecer de atmósfera y, por tanto, de viento y fenómenos meteorológicos, los márgenes de los cráteres se han mantenido intactos, ya que no hay erosión.

Estudios recientes de la NASA han expuesto la hipótesis de que la cara oculta de la Luna debe de ser más accidentada e irregular que su lado visible. Siempre oculta desde la Tierra, se podría haber formado por la fusión con otro satélite terrestre.

Esta teoría y la del acrecentamiento presuponen que tanto la Tierra como la Luna se habrían formado por la sucesiva compactación de materiales que se encontraban en la órbita actual de los dos cuerpos celestes.

Esto no explicaría, sin embargo, que en la Luna sea tan escaso el hierro, tan común en la Tierra.

De la misma manera, la hipótesis de la formación de la Luna por un desprendimiento de la Tierra primigenia, que correspondería *grosso modo* con el actual océano Pacífico, seguiría sin explicar la diferencia en la composición geológica de ambos cuerpos celestes.

Esta diferencia ha hecho pensar, por tanto, en la posible «captura» de la Luna —formada en otro lugar del universo y errante en el espacio— gracias a la atracción gravitacional de la Tierra.

El lado oculto de la Luna se podría haber formado por la fusión con otro satélite

LA CARA OCULTA

El 3 de enero de 2019, la misión china Chang'e 4 (nombre que alude a la diosa china de la Luna) fue la primera en aterrizar en la cara oculta de la Luna con un *lander* sin tripulación y en comunicación con la base de control en la Tierra a través de un satélite artificial situado en una órbita externa al sistema Tierra-Luna, llamado Quequiao. Este satélite artificial es imprescindible para hacer de puente en las comunicaciones dirigidas a la parte opuesta de la Luna desde la Tierra.

Quequiao significa 'puente de las urracas'. Este nombre fue tomado de una historia de la mitología china según la cual una pareja de amantes pudo reunirse gracias a un puente de urracas. Los dos enamorados eran la princesa tejedora Zhi Nu (la estrella Vega en la constelación de la Lira) y el guardián de los bueyes Zhi Nu (Altair en la constelación del Águila).

La Luna siempre se ha asociado al elemento agua, y este binomio está conectado con muchas divinidades de la Antigüedad, sobre todo femeninas

LA LUNA Y EL AGUA

Científicamente, la Luna ejerce atracción sobre las aguas presentes en la superficie terrestre, determinando las mareas y los fenómenos meteorológicos. Este hecho coincide con la visión esotérica de que la Luna gobierna los fluidos.

La Luna siempre se ha asociado al elemento agua, y este binomio está conectado con muchas divinidades, sobre todo femeninas, de la Antigüedad. El agua, de hecho, es germinativa, está dirigida por la Luna y sus ciclos se pueden asociar a las fuerzas generadoras simbolizadas en forma femenina.

Muchos santuarios dedicados al culto lunar, como los de Artemisa, se levantaban en lugares cerca de lagos, manantiales o arroyos. Al agua lustral, con el que se rociaba a las víctimas y otras ofrendas, se le atribuían propiedades curativas, al igual que al rocío.

Plinio el Viejo, filósofo y naturalista del siglo I a. C., afirmaba que el rocío recogido durante la Luna llena era un elixir médico muy potente. En uno de los escritos de medicina china más antiguos, el *Pen ts'ao*, del año 2737 a. C., aparece citada una beneficiosa «agua de luna», refiriéndose al rocío de la mañana, usada por la farmacopea en infusiones curativas de hierbas y en colirios lenitivos [2].

---

[2] Que ablandan o mitigan. Paliativos.

Tabla astrológica que muestra el fenómeno de las mareas por la acción conjunta de la fuerza gravitatoria del Sol y la Luna. Ilustración extraída de una publicación de James Reynolds (Londres, 1851).

Las mareas

Fenómeno periódico que provoca la subida (marea alta) o la bajada (marea baja) de grandes masas de agua, como océanos, mares, lagos o ríos. Las mareas están íntimamente ligadas a la Luna. De hecho, están determinadas por la atracción gravitacional que la Luna y el Sol ejercen sobre la Tierra, unida a la fuerza centrífuga causada por la rotación del sistema Tierra-Luna alrededor del propio baricentro (a unos 4700 km del centro de la Tierra y cerca de 1700 km bajo la superficie terrestre). Cuando Sol, Luna y Tierra se «alinean», la atracción gravitacional combinada produce una subida mayor de las aguas: en este caso se habla de marea de sizigia o marea viva. Sin embargo, cuando el Sol y la Luna se encuentran formando ángulo de 90º con la Tierra en el centro, se habla de marea de cuadratura o muerta, que determina una menor subida de las masas fluidas. Además, la fuerza gravitacional lunar es mayor sobre las partículas líquidas que sobre las sólidas. La masa de la Luna es menor que la del Sol, pero está más cerca de la Tierra, por lo que su influencia en las masas de agua es mayor que la ejercida por el Sol, más lejano a nuestro planeta (alrededor de 150 millones de km).

El texto se atribuye al emperador Shennong, llamado también el Curador Divino. Conocido como el padre de la medicina china, fue divulgador de las propiedades curativas de las plantas, además de ser venerado como inventor del arado y la agricultura.

La Luna gobierna también los fenómenos meteorológicos relacionados con el agua. De hecho, se ha observado ya desde tiempos inmemoriales que cuando cambia la Luna hay mayor posibilidad de lluvia, fenómeno a tener en cuenta para el éxito de los cultivos.

El fenómeno de las alucinaciones del sueño y la Luna

Las parasomnias que determinan alucinaciones durante la fase del sueño REM consisten en sensaciones e ilusiones visuales y auditivas muy reales y detalladas que a veces se pueden presentar en el tránsito entre la vigilia y el sueño.

Si se producen en el momento de dormirse, se llaman hipnagógicas, mientras que las menos frecuentes (que ocurren en el momento de despertar) se denominan hipnopómpicas. Durante este delicado estado en el que la conciencia fluctúa se puede interrumpir el sueño de forma angustiosa y molesta. Es un fenómeno común, y aunque pueda ser desestabilizante, no tiene ningún valor patológico y se puede justificar científicamente.

Las alucinaciones hipnagógicas no suceden de forma inquietante e incomprensible, simplemente están causadas por la Luna. En efecto, la misma atracción que ejerce en las masas de agua y provoca las mareas produce un efecto similar en los líquidos de nuestro cerebro, lo que determina conexiones distintas de las sinapsis y da lugar a fenómenos tan impresionantes y al mismo tiempo realistas que pueden ser confundidos con sensaciones paranormales.

القوم بحسب المقدمات الحسابية والله أعلم بصحته **فصل** في زيادة ضوء القمر ونقصانه القمر
جرم كثيف مظلم كيف والضياء الا القليل منه على مايرى في ظاهر فالنصف الذي يواجه الشمس مضيء ابدا فاذا كان
الشمس فان النصف المضيء مواجها للشمس الى المشرق وما النصف المظلم من الجانب الذي يلي المغرب فيظهر
من النصف المضيء قطعة وهي الهلال ثم تتزايد الاخراى ويزداد بتزايد القطعة من النصف المضيء حتى اذا كان
في مقابلة الشمس كان النصف المواجه للشمس هو النصف المواجه لنا ثم يقرب من الشمس فينقص الضياء من الجانب الذي بآ
بالضياء على الترتيب الاول واخذا واحتراقا في مقابلة الشمس يكون ثم ويعود الى الموضع **وهذه صورته**

فصل في خسوف القمر سببه
توسط الارض بينه وبين الشمس فاذا كان
القمر في احدى نقطتي الراس والذنب اوقريبا
منه عند الاستقبال توسط الارض بينه و
بين الشمس يقع في ظل الارض ويبقى على سواده
الاصلي فيرى منخسفا والشمس اعظم من الارض
فيكون ظل الارض فا عنه فا دائر يصفحة الارض
لان الخطوط الشعاعية التي تخرج من الشمس
الى جرم الارض لايكون منوازية فاذا
اتصلت بمحيط الارض ونفذت في الجهة الاخرى
تلاقت عند نقطة فيحصل ظل الارض على

شكل المخروط فاذا كان للقمر عرض فيخسف بعضه وربما يمس جرم القمر عن ذلك البروج
عند الاستقبال وقع كله في جرم المخروط فينخسف كله ويكون له مكث وان كان له
عرض فينخسف بعضه وربما يكون مايمس جرم القمر مخروط الظل فلا يقع شيء فيه وذلك اذا كان
عرض القمر مساويا لنصف مجموع القطرين اعني قطر القمر وقطر الظل واذا كان اقل من نصف
القطر ينخسف بعضه
وهذه صورته فصل

ŁA ŁUJA
Y ŁA AGRICUŁTURA

E l mundo de las plantas está sujeto a una periodicidad regulada por los ciclos lunares, ya que la influencia de nuestro satélite es capaz de provocar tropismos, es decir, el movimiento de un organismo (incluso vegetal) o de una de sus partes debido a la acción de un estímulo externo.

Las relaciones entre la Luna, la lluvia, la vegetación y la fertilidad de los animales se habían observado antes de la invención de la agricultura.

Del mismo modo que la Luna provoca la subida de las mareas, esta puede influir en la cantidad de agua y humedad dirigida desde el terreno a las raíces, determinando el nivel y velocidad de crecimiento de las plantas.

La influencia de la Luna en los cultivos y su cosecha es un fenómeno descubierto hace milenios.

LAS INFLUENCIAS LUNARES EN LAS PLANTAS

La fuerza gravitacional de la Luna influye en la savia de las plantas y en el movimiento de las raíces hacia la parte superior, además de estimular la fotosíntesis y la germinación. Las semillas plantadas, por ejemplo, absorben la mayor parte de la humedad del terreno en los días que hay Luna llena.

En la tradición rural, aún hoy se tienen muy en cuenta las fases lunares para que la cosecha sea todo un éxito. Estas fases se producen por la interacción de los movimientos del Sol, de la Luna y de la Tierra.

LAS LUNACIONES Y LOS CALENDARIOS

A lo largo de un año, la Luna lleva a cabo trece rotaciones completas alrededor de la Tierra, es decir, trece lunaciones, y cada una de ellas dura aproximadamente veintiocho días.

Esto hace que muchas culturas se basen en un calendario lunar de trece meses y no en el calendario solar y sus conocidos doce meses. Ambos calendarios, sin embargo, tienen que ser ajustados: los trece ciclos lunares, de hecho, llevan a un cómputo de días del año lunar de 354, en lugar de los 365 días del año solar.

El calendario lunar, por tanto, tiene que añadir cierto número de días para ajustarse: un ejemplo típico es el calendario islámico (*hijri*), en el que el mes del Ramadán tiene una duración variable.

De la misma manera, el calendario solar, usado en la mayor parte del mundo, tiene que añadir un día, el 29 de febrero, cada cuatro años, el denominado año bisiesto de 366 días.

En algunas culturas se usa un calendario combinado, llamado lunisolar, que consigue hacer coincidir fiestas periódicas y fenómenos astronómicos (solsticios y equinoccios,

Los calendarios clásicos para agricultores recomiendan respetar de forma rigurosa las fases lunares para el desarrollo de todas las prácticas agrícolas

por ejemplo) que se repiten continuamente, evitando así el desplazamiento de fechas.

Ejemplos de calendarios lunisolares son el de los antiguos babilonios, el de los hindúes y el actual calendario chino. Un caso curioso es el calendario hebreo, que intercala un mes. Es el denominado embolismo (del término griego que significa 'inserción'), que consiste en duplicar el mes de Adar cada treinta y dos meses lunares. En este calendario se basa también el calendario de la liturgia cristiana. Por eso, aunque la Navidad se celebra siempre el 25 de diciembre (basándose en el calendario solar), la Pascua tiene fecha variable.

LOS CALENDARIOS LUNARES PARA AGRICULTORES

Los calendarios clásicos para agricultores recomiendan respetar rigurosamente las fases lunares para el desarrollo de las prácticas agrícolas: la siembra, los trasplantes, las podas, la fertilización, la tala de árboles, el cuidado de las vides y el embotellamiento del vino.

Referirse a las lunaciones en lo relacionado con la siembra y la cosecha significa seguir estas cuatro fases: Luna nueva, Luna creciente, Luna llena y Luna menguante.

Luna nueva

Con la Luna nueva, es decir en el primer cuarto, se ve favorecido el desarrollo equilibrado de las raíces y de las hojas, sobre todo de las hortalizas.

Está considerado el momento perfecto para la siembra de verduras de hoja larga como lechuga, achicoria, espinacas, coles, brócoli, coliflor —hortalizas que producen la semilla fuera del propio fruto— y es, además, especialmente conveniente para el maíz.

En fase de Luna nueva se pueden continuar los procesos empezados en la fase de Luna menguante, eliminar las malas hierbas y las hojas marchitas y podar las plantas enfermas de tal manera que se regeneren bajo la influencia de la siguiente Luna creciente.

> Con la Luna nueva se ve favorecido el desarrollo equilibrado de las raíces y de las hojas

Luna creciente

Con la Luna creciente, es decir, entrando en el segundo cuarto, la atracción gravitacional es menor, pero la luz nocturna se hace cada vez más potente. Es un momento favorable para la siembra, especialmente cuando la fase está más avanzada, tres días antes de la Luna llena.

Esta es la fase ideal para la siembra de los cereales en general (aunque para el maíz es más propicia la Luna nueva) y las hortalizas anuales que producen el fruto sobre el terreno y sus semillas se quedan en el interior del fruto o de las vainas, como judías, lentejas, guisantes, calabazas, melones, sandías, berenjenas, pimientos y tomates.

En cuanto a las plantas florales, este es el momento de sembrar amapolas, caléndulas, campanillas, zinnias y violetas. Es un buen periodo también para el heno y el forraje, así como para recoger y conservar las hojas de las plantas aromáticas y de uso medicinal.

Por su parte, los pepinos se siembran tres días antes o tres días después del plenilunio.

Taula del cors e de las diuersas figuras de la luna.

P ero sabehatz que la lugors
F ailh del cort segon los auctors
G ue de neguna part no pren
D el soleilh enlumenamen.
G uan fazen lur cors ses deue
Q ue oreg entrel soleilh ese   Eclipsis

E tan la terra: que defen
A l soleilh quell nona poder
Q ue puesca laluna uezer.
A quo dura tan longamen:
T ro quel soleilhs son cors faze
l aluna uezer comensa.

31

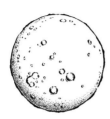

Plantar estas especies en otra fase no haría otra cosa que beneficiar el crecimiento de la parte aérea (tallo y hojas), perjudicando la parte subterránea.

En general, podemos decir que la Luna llena favorece el crecimiento y el enraizamiento de todo aquello que se desarrolla «hacia abajo», como los bulbos, tubérculos y raíces.

Es, además, la etapa ideal para plantar bulbos florales, como los iris, las dalias y los tulipanes, y para hacer los trasplantes, ya que favorece el desarrollo de las raíces.

Por este mismo motivo, dado que en esta fase la fuerza vital de las plantas se concentra en la parte subterránea, con la Luna llena se aconseja cortar la leña y podar los árboles en pleno desarrollo, así como llevar a cabo los injertos de yema y cortar esquejes.

Este también es el momento recomendado para la vendimia y la siega.

Hay que tener en cuenta que durante la Luna llena se puede aprovechar para tener resultados distintos de los mismos cultivos: en la práctica, si se quiere hacer que de una hortaliza se desarrolle preminentemente la semilla o la hoja (parte aérea) en lugar del tubérculo o la raíz (parte hipogea) habría que tener en cuenta la Luna nueva o su fase creciente, mientras que si lo que se quiere es conseguir el efecto opuesto, hay que aprovechar el plenilunio o la fase menguante.

Luna llena

Con la Luna llena, o lo que es lo mismo, en su tercer cuarto, hay mayor humedad, la naturaleza está más activa y vital, y las plantas son más fuertes y resistentes.

Durante el plenilunio es recomendable plantar los tubérculos y los vegetales subterráneos, es decir, aquellos cuya parte aprovechable para el humano se desarrolla en el suelo —como el hinojo, los nabos, las patatas, los tupinambos, los puerros, las zanahorias, las cebollas, las escalonias, los ajos, las remolachas y los rábanos—, y también para recoger las hortalizas de bulbo.

La Luna llena favorece el crecimiento y el enraizamiento de todo aquello que se desarrolla «hacia abajo», como los bulbos, tubérculos y raíces

Páginas de la edición veneciana del *Sidereus Nuncius,* de Galileo Galilei (1610).

Luna menguante

El último cuarto de la Luna, la Luna menguante, es para los campos tiempo de reposo. Tanto la atracción entre la Luna y la Tierra como la luminosidad lunar disminuyen paulatinamente hasta alcanzar el mínimo en el novilunio (Luna nueva) para después volver a comenzar un ciclo nuevo.

Los flujos de la savia —como las mareas— están influenciados de forma determinante por este fenómeno, con importantes repercusiones en el crecimiento y desarrollo de los vegetales.

Es el momento idóneo para esparcir el compost, abonar y trabajar el suelo con tareas de superficie (quitar malas hierbas, rastrillar, escardar y apisonar el terreno) o más profundas y laboriosas (por ejemplo, escarificado, retirada de piedras y arado).

Los días de Luna decreciente están especialmente indicados para la cosecha y la siembra de las hierbas aromáticas. Además, las raíces de las hierbas medicinales se recogen en esta fase y generalmente al principio de la primavera, antes de la floración.

26 OBSERVA

scatēt:adeo vt si quis v tiam exsuscitare velit,
alterā, eius pars lucidior ter queā magis congrue reprasē
Terrestris globi a lōge conspe terreā superficiē clariorē, ob
spectū daturā. Depressio tur magnæ maculæ, q
enim tam crescente, q lucis tenebrarumq; co
inde circa ipsas magn cidioris, veluti in desc
mus, neq; depressiores macularū termini, sed
asperitatib. interrupti. ppe maculas eminet, a
primā, & in ipsa ferme dā, superiorē, borealē
valde attollantur tā su eminētiæ, veluti appof

La fase de Luna menguante es para el campo tiempo de reposo

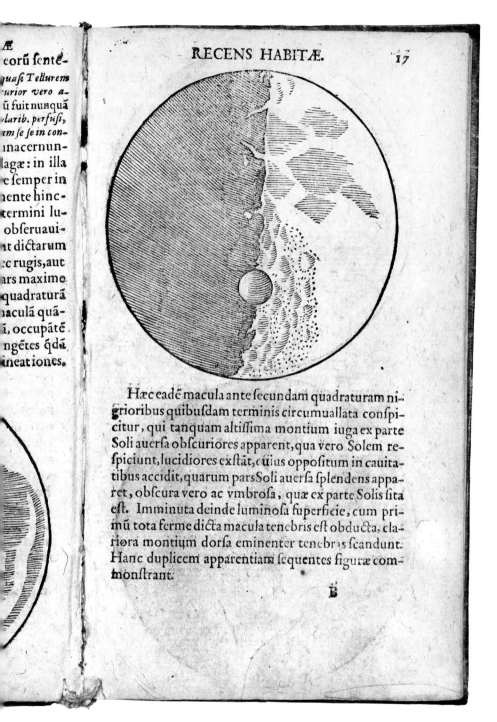

Hæc eadē macula ante secundam quadraturam ni-
grioribus quibusdam terminis circumuallata conspi-
citur, qui tanquam altissima montium iuga ex parte
Soli auersa obscuriores apparent, qua vero Solem re-
spiciunt, lucidiores exstāt, cuius oppositum in cauita-
tibus accidit, quarum pars Soli auersa splendens appa-
ret, obscura vero ac vmbrosa, quæ ex parte Solis sita
est. Imminuta deinde luminosa superficie, cum pri-
mū tota ferme dicta macula tenebris est obducta, cla-
riora montium dorsa eminenter tenebras scandunt.
Hanc duplicem apparentiam sequentes figuræ com-
monstrant.

B

Volatile

Abyssus

Abyssus

invo

Animalia

Abyssus

Vegetabilia

Mare

Terra

Abyssus

Fixum

SEGUNDA PARTE:
LA LUNA
Y LA MAGIA

símbolos
y poderes

L a Luna, con sus significados esotéricos, ha estado siempre ligada a la magia.

Su simbolismo encierra en las ciencias ocultas, principios universales como lo femenino, el agua, la belleza, la fertilidad, la noche, la muerte, el renacer, el fluir, el cambio en la estabilidad global y el repetirse constante de los fenómenos naturales; es decir, el cíclico proceso del eterno retorno.

Está, además, en relación con el yo pasivo, ya que, desde el punto de vista científico y astronómico, refleja la luz del Sol, no brilla con luz propia. De hecho, si el Sol se apagara, la Luna no podría emitir su típica luz blanca plateada.

En magia, el color del astro es precisamente el blanco o el plateado y su número es el dos, ya que tiene una ambivalencia natural que se manifiesta en la relación entre la vida y la muerte, la dualidad masculino-femenino, la oposición con el Sol, la oscuridad y la luz, el día y la noche, el calor y el frío. Todo en el marco de la armonía continua y la indisolubilidad de los opuestos.

Simbólicamente, la Luna representa el gran poder de la energía femenina, la transformación, la fertilidad, la supervivencia de la especie, la vida onírica, y está esencialmente ligada con nuestras necesidades emotivas más profundas y auténticas, siendo ejemplo del arquetipo del Alma.

El culto lunar está presente en épocas y culturas diversas y ningún ser vivo es inmune a la fascinación de su energía.

Incluso en periodos históricos distintos y en áreas geográficas y culturales diferentes, se muestran elementos comunes al asignar al astro nocturno símbolos propios y poderes específicos a la hora de interpretar, conocer, apreciar y aprovechar sus cambiantes características.

Aún hoy, la Luna está estrechamente ligada a símbolos, gestos y rituales conectados con la magia.

Grabado que representa a una bruja mientras lleva a cabo rituales en un bosque a la luz de la Luna.

LA LUNA Y LAS BRUJAS

La Luna, principio femenino, cambiante y misterioso, ha sido siempre venerada por las brujas, que se consideran sus hijas. Sus poderes de atracción no solo influyen sobre las aguas y las cosechas, sino que también tienen repercusiones determinantes en las fuerzas físicas y espirituales de animales y seres humanos.

Cada recogida de hierbas mágicas, cada invocación o maldición, cada ritual o hechizo, está desde siempre influenciado por las fases lunares.

La Luna es también la diosa protectora a la que dirigirse, la *Magna Mater*, gran madre de todos los dioses y de todos los seres vivos. Representa el tiempo, articulándolo de forma cíclica y regularmente con su presencia y sus fases, que tienen un importante valor mágico.

La Luna, principio femenino, cambiante y misterioso, siempre ha sido venerada por las brujas

LAS PROPIEDADES DE LAS FASES LUNARES EN LA MAGIA

Las fases lunares son fundamentales en el campo de la magia, siendo un pilar para estar en armonía con las fuerzas cósmicas y conseguir buenos resultados en las prácticas esoté-

ricas, desde las adivinaciones hasta la realización de conexiones y la creación y activación de amuletos.

Cada fase, por lo tanto, tiene sus símbolos específicos, sus poderes y sus correspondencias.

Cada fase lunar tiene sus símbolos específicos, sus poderes y sus correspondencias

El Sol y la Luna como símbolos alquimistas en *Atalanta Fugiens,* del médico y alquimista alemán Michael Maier (Oppenheim, 1617).

Luna nueva

Cuando la Luna no está visible en el cielo, en realidad nos está dando el primer indicio de renacimiento del mes lunar.

Esta es una fase controvertida: propicia para acabar rituales, pero representa también un signo de renacimiento y vitalidad que se debería aprovechar para empezar proyectos importantes.

El novilunio acentúa rituales de purificación y representa un momento mágico muy potente que incluye una renovada vitalidad y pureza, pero es también cuando empiezan a manifestarse los brotes de lo que se ha sembrado en la lunación anterior.

El novilunio es una fase adecuada para los rituales mágicos de iniciación, de belleza y de purificación que nos permite dar los primeros pasos en sintonía con las potencias cósmicas.

Además, está especialmente indicada para hechizos de magia sexual que acabarán de forma favorable.

Luna creciente

Cuando la Luna está curvada hacia poniente (oeste), significa que el pasado ha quedado atrás y que un futuro radiante empieza a salir de debajo del manto de la noche, regalando una nueva y arrolladora fuerza psíquica y física.

La energía liberada en esta fase es extraordinaria. Se trata de un tiempo mágico cargado de potencialidad que encierra una fuerza vital incontenible que aumenta las relaciones, da lucidez mental y regala felicidad y entusiasmo en un nuevo inicio cargado de esperanza.

Los días de la Luna creciente son ideales para dedicarse a los rituales de crecimiento, propiciatorios, de acercamiento y de prosperidad. El potencial mágico en este momento

El plenilunio está especialmente indicado para hechizos de magia sexual

glorioso de desarrollo favorece la exuberancia del reino vegetal y animal. También las uñas y el cabello crecen más rápidamente bajo el influjo de la Luna creciente y de su fuerza creadora.

Las uñas y el cabello crecen más rápidamente bajo el influjo de la Luna creciente

Mycale.

La maga Mycale se dirige a la Luna con fórmulas rituales. Grabado de Louis Le Breton para el *Dizionario infernale* del ocultista francés Collin de Plancy (1863).

Luna llena

En su silencioso peregrinar mensual, la Luna aparece prepotente con toda su majestuosidad. El plenilunio es una ocasión mágica particular: en la Antigüedad era considerada la Luna de los locos, una fase en la que todas las rarezas eran posibles. La Luna ha madurado y está preparada para protegernos como una madre, reforzando el poder de la magia, regalándonos visiones adivinatorias. En esta fase, su energía está en la cumbre y es capaz de estimular los instintos esenciales. Es una Luna de liberación y de belleza salvaje que protege a los amantes y desencadena la pasión. Contemplarla hace emerger los deseos más recónditos. Cualquier hechizo de magia roja se ve potenciado por la Luna llena. Además, bajo el agua de lluvia, durante el plenilunio se purifican objetos rituales, como cristales, athame (daga ceremonial), esferas de cristal, morteros, cuencos y velas de cera virgen. Es también una buena oportunidad para recoger los resultados obtenidos con la magia.

Luna menguante

Esta fase lunar es útil para reflexionar, descansar y meditar de manera que eliminemos tensiones y nos deshagamos de las dudas.

Es una fase delicada e introspectiva, adecuada para la purificación y la acumulación de energías con el fin de afrontar el recorrido espiritual marcado por los objetivos a alcanzar.

La Luna menguante no es, aun así, una fase pasiva; tiene el poder de romper maldiciones y sortilegios, de alejar las malas influencias. Es un momento en el que hacer rituales dirigidos al desprendimiento y a la dispersión de la negatividad.

La Luna menguante no representa una fase pasiva, sino un momento en el que llevar a cabo rituales dirigidos al desprendimiento y a la dispersión de la negatividad

El astrónomo persa Messahalah (Ma Sha' Allāh Ibn Athari, c. 740-815). Grabado de Alberto Durero (*De Scientia Motus Orbis,* Núremberg, 1504).

LA LUNA Y LA ASTROLOGÍA

La astrología, en cualquier época y latitud, se basa tanto en el ciclo solar como en el lunar. Sol y Luna son definidos como luminarias, y los elementos que hay entre los dos cuerpos nos dan idea de las dificultades de armonización entre las dos facetas del individuo, es decir, la masculina y la femenina.

La astrología considera los planetas y los cuerpos celestes como seres energéticos capaces de influenciar la vida y los estados de ánimo. A cada planeta se le asocia una cualidad específica: emotiva, física y mental. Esta ciencia esotérica reconoce a la Luna como un planeta.

La disposición peculiar de los planetas y su distancia a la Tierra son elementos fundamentales para determinar la cualidad y la intensidad de su influencia.

La Luna simboliza el inconsciente, la infancia, la sensibilidad, los sueños, las emociones, las reacciones, los instintos, la espontaneidad, la memoria. Representa, por tanto, la parte receptiva y femenina del individuo y es el cuerpo celeste más influyente, dada su cercanía con nuestro planeta. Es complementaria del Sol, planeta masculino, diurno y activo, al que perfecciona con su feminidad y pasividad.

La Luna es la luminaria que gobierna el signo de Cáncer, que representa su casa diurna y nocturna. Las características de este signo están fuertemente influenciadas por la Luna y se manifiesta en sus múltiples caras, como el romanticismo, la sensibilidad, el sentimiento de protección, participación, pasión, instinto y emoción.

Si el Sol nos da el espíritu, la Luna es la que nos da nuestra alma.

No en pocas ocasiones el carro de la Luna, en la iconografía tradicional, está asociado al símbolo de Cáncer, generalmente presente en las ruedas.

La Luna simboliza el inconsciente, la infancia, la sensibilidad, los sueños, las emociones, las reacciones, los instintos, la espontaneidad, la memoria

EL TRÁNSITO DE LA LUNA EN LOS SIGNOS DEL ZODIACO

La Luna pasa, durante su rotación alrededor de la Tierra, por las mismas constelaciones del Zodiaco que el Sol, pero al hacerlo de forma más rápida tarda menos, poco más de un par de días (alrededor de 60 horas).

De hecho, recorre cada día 12° del círculo del Zodiaco y termina la vuelta completa en unos veintiocho días.

En la rueda del Zodiaco, el astro nocturno toca todos los planetas y todos los signos activándolos, y a su paso toma propiedades e influencias que son típicas del signo que está atravesando y que cambian dependiendo de la fase lunar en que se encuentre.

La influencia de la Luna actúa en la salud y en los cultivos, determinando también, de modo positivo o negativo, los estados de ánimo

Durante este cuarto se tiene la conjunción (o sínodo, del griego *syn* + *odos*, que significa 'camino común') de Luna y Sol, es decir, que las dos fuentes de luz principales de la bóveda celeste ocupan el mismo grado del Zodiaco. Como se ha constatado, además, el día de la semana dedicado a la Luna es el lunes, que no por casualidad sigue al dedicado al Sol.

Sus influencias, que se han tenido en cuenta desde tiempos remotos, incluso por los campesinos, actúan en la salud y en los cultivos, determinando también, de modo positivo o negativo, los estados de ánimo.

Por este motivo, el dicho popular italiano de «despertarse con la Luna torcida» (de mal humor) a veces resulta acertado cuando se padecen repentinos y aparentemente injustificados cambios de humor.

Hay que tener en cuenta, para terminar, que en el horóscopo chino el sistema del Zodiaco gira en torno a la Luna, y no alrededor del Sol, lo que subraya la importancia que tiene el satélite de la Tierra y su significativo papel en las influencias astrales y sus relaciones con las distintas casas.

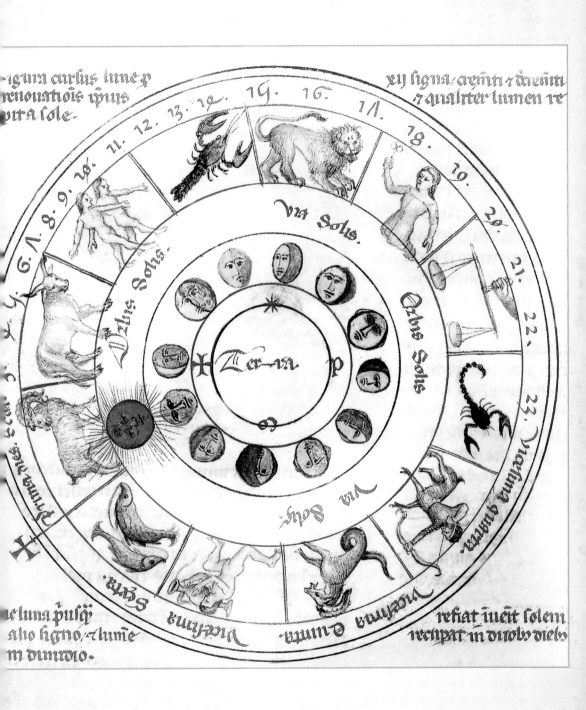

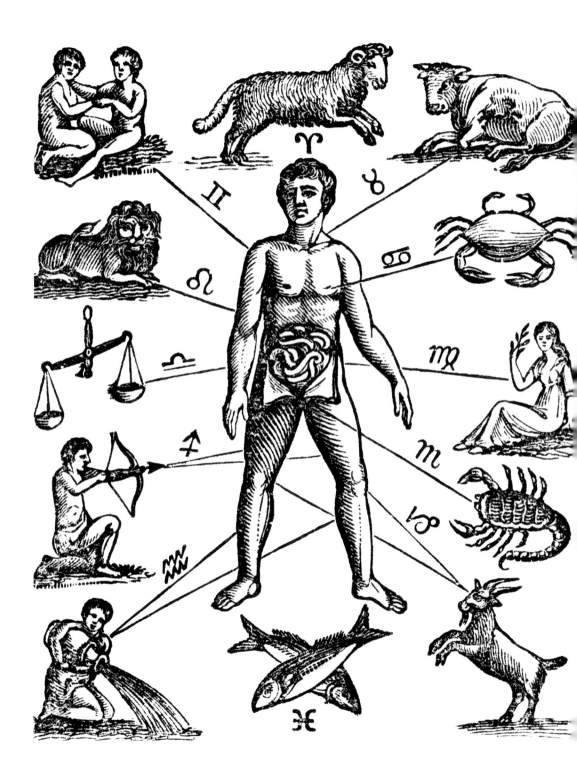

Relación entre las partes anatómicas humanas y los signos zodiacales. En la medicina antigua, la influencia de los astros se tenía muy en cuenta para la diagnosis y la cura de las enfermedades.

Luna en Aries

El paso de la Luna por este signo incita a osar y a ser emprendedores. Incluso en lo relacionado con la intimidad, encontrando una seguridad interior que da vigor y coraje, despertando los instintos, pero al mismo tiempo agudizando el sentido de protección hacia la familia.

Es una Luna de fuego, brillante y combativa. Pero hay que poner atención: no se aconsejan las aventuras fugaces, especialmente aquellas extramatrimoniales, que mellarán inevitablemente la armonía amorosa poniendo en riesgo la relación.

Son días fértiles para plantar, cuidar y sembrar plantas frutales o semillas. También son días especialmente indicados para hacer proyectos, que estarán caracterizados por una energía ascendente.

La Luna en este signo da suerte, pero también inestabilidad; las energías de Aries son potenciadas por el elemento fuego.

Si es creciente, es protectora y sanadora para la zona facial, sobre todo para el cabello, ojos, nariz, boca. Asimismo, se trata de una fase propicia para la creación de talismanes de la suerte e infusiones de hierbas medicinales.

A su vez, si es descendente, aleja los maleficios y facilita los exorcismos.

Luna en Tauro

Con la entrada de la Luna en este signo del Zodiaco se tiende a querer encontrar la serenidad y la seguridad familiar. No es momento para aventuras, sino más bien para disfrutar de la tranquilidad y la armonía doméstica. La Luna en Tauro incita la vivacidad intelectual, la salud, la comprensión, la suerte y la sabiduría.

Plantar durante su paso por este signo de tierra favorece cultivos a largo plazo y lentos, sobre todo los de las plantas subterráneas, como la mandrágora, los nabos, las patatas y las zanahorias.

La curación de zonas como garganta, dientes, laringe, tiroides y mandíbulas tendrá más posibilidades de éxito, sobre todo durante la Luna creciente. En la etapa de Luna decreciente, por su parte, es apropiado liberarse de todo lo superfluo, incluso de aquellas personas inútiles que vampirizan nuestra vida chupándonos las energías. Es el momento de dedicarse al propio interior con rituales purificadores y propiciatorios.

La Luna en Tauro fomenta la vivacidad intelectual, la salud, la comprensión, la suerte y la sabiduría

La Luna es el decimoctavo de los arcanos mayores del tarot. Los elementos recurrentes en esta representación son las dos torres, los perros (o lobos) y el crustáceo (cangrejo o langosta) que alude al signo de Cáncer.

Luna en Géminis

Cuando la Luna atraviesa este signo de aire, genera un remolino de confusión e inestabilidad. Sería apropiado realinear mente y corazón para encontrar la armonía pérdida y reorganizar las prioridades emotivas.

La imaginación está particularmente efervescente y se siente la necesidad de compartir las habilidades artísticas con los demás.

En la naturaleza, si la Luna es creciente, favorece el éxito de la siembra de plantas trepadoras y protege a las otras plantas. Sin embargo, si es descendente, es el momento de dedicarse a los remedios naturales antiparasitarios, a las conservas y a secar las hierbas mágicas.

Desde el punto de vista de la salud, la Luna de Géminis previene y cura enfermedades reumáticas, pulmonares y problemas de las extremidades superiores, sobre todo de los hombros.

Es el momento de mejorar el intelecto, además de hacer prácticas adivinatorias y hechizos destinados al aumento de la riqueza material. Es una ocasión especialmente propicia para la activación de amuletos y talismanes. Si la Luna es decreciente, su influjo es desfavorable para el amor y las uniones en general, por lo que se desaconsejan los matrimonios en esta fase.

La Luna en Cáncer

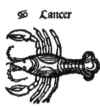

El paso de la Luna por esta posición está dominado por el elemento agua, lo que provoca una fluctuación de sentimientos discordantes, altibajos de emociones escondidas, secretas, y la necesidad de refugiarse en un ambiente doméstico protegido.

La Luna tiene su casa en Cáncer y se encuentra a gusto expresando sus características naturales.

Es una Luna que se nutre de amor, sobre todo de quien sabe demostrarlo, pero le cuesta recibirlo. Si este aspecto no se tiene en cuenta, puede llevar a la obsesión.

Es cierto que genera inquietud e inestabilidad, pero también estimula la imaginación, los sueños proféticos, un ánimo sensible y la simbiosis emotiva.

En la naturaleza, la Luna en Cáncer está asociada a las hojas. Si es creciente, es la ocasión propicia para segar los prados, pero no

La Luna en Cáncer se nutre de amor, sobre todo de quien ya sabe demostrarlo, pero le cuesta recibirlo

para injertos y podas, ya que se corre el riesgo de que no lleguen a buen término.

Si se encuentra en fase decreciente, en general, trae lluvias, y en todo caso humedad, especialmente nocturna: es el momento de plantar verduras de hoja larga, como lechugas, acelgas y espinacas.

La Luna en este signo influencia sensiblemente los pulmones, el corazón, el estómago, el hígado y la vesícula biliar, por lo que es propicia para el control y cuidado de estos órganos, tan determinantes para nuestra salud.

En este momento astrológico, la Luna se encuentra en su propia casa, favoreciendo la adivinación y la videncia, además de la activación de los talismanes apotropaicos y amuletos de la buena suerte.

Cuando la Luna recorre Leo, es portadora de fuego, que se manifiesta en pasión e impetuosidad, aumenta el amor por las artes y el lujo y estimula el orgullo y la impulsividad

Luna en Leo

Cuando la Luna recorre el signo de Leo, es portadora de fuego que se manifiesta en pasión e impetuosidad, aumenta el amor por las artes y por el lujo y estimula el orgullo y la impulsividad.

Es una Luna vivaz y egocéntrica que invita al juego y al desafío, agudizando la necesidad de afirmación y admiración, que se confirma o lleva a la desilusión, incomprensión y estados emotivos frustrantes.

La Luna creciente en Leo favorece la recogida de hierbas mágicas asociadas al Sol, como el romero y el laurel. Marca, además, un momento favorable para el sembrado de cereales y tubérculos.

Cuando es decreciente, se puede aprovechar para hacer podas y retirada de malas hierbas.

Si la Luna es creciente, influye positivamente con su potente energía en el sistema cardiovascular y la columna vertebral. Es el momento adecuado para llevar a cabo cualquier tipo de magia y consagrar amuletos para la suerte y la salud.

En cambio, si es decreciente, hay que contener la energía con un descanso regenerador.

Luna en Virgo

La Luna en Virgo está ligada a la Tierra, estimula el sentido práctico y organizativo individual y alimenta el orden y la claridad. Pero la influencia lunar puede provocar también cierta superficialidad, escasa reflexión e inconstancia, además de poca claridad en las relaciones amorosas duraderas.

Para los cultivos, en la fase creciente es tiempo de trasplantar, plantar e injertar, mientras que durante la fase decreciente hay que aprovechar para cuidar las raíces y la tierra.

La Luna en este signo influye en la salud del aparato digestivo, del páncreas y del bazo. Los remedios naturales destinados a estos órganos hechos y aplicados en los días de su paso por Virgo serán más eficaces.

Es un momento en que se ven favorecidos la adivinación, la fantasía, las intuiciones y los sueños proféticos. Asimismo, se pueden llevar a cabo fructíferas uniones de amor y desintegración de maleficios.

La Luna en Virgo está unida a la Tierra, estimula el sentido práctico y organizativo individual y alimenta el orden y la claridad

Luna en Libra

El influjo lunar en este signo de aire agudiza el romanticismo, el abandono de los sentidos, la sensibilidad, la poesía y el sentido de la aventura, así como puede activar la atracción innata del Libra por el buen gusto y la estética.

Pero esta Luna tan sensual, etérea, que carece de prejuicios y es refinada puede provocar tentaciones peligrosas e infidelidad, particularmente en las relaciones más consolidadas.

En la naturaleza, el aspecto de la Luna en este signo es más o menos neutral, pero al tratarse de un signo de aire, la Luna beneficia las flores, que se pueden plantar con éxito durante la fase creciente.

En cuanto a la salud, las energías astrales se concentran principalmente en la zona pélvica, en los riñones y en las vías urinarias. Durante estos días se pueden agudizar las inflamaciones, pero aun así se verán calmadas por la potenciación de los remedios naturales bajo la influencia lunar.

Es un tiempo ideal para tener el valor de afrontar rituales de alta magia, llevar a cabo uniones de amor clandestinas, hacer nuevos conocimientos, pero también para arreglar los conflictos de pareja.

El árbol del Sol y de la Luna.
Grabado del siglo XIX para el
Libro de las maravillas o El
millón, donde Marco Polo
narró sus viajes en Oriente
(*Magasin Pittoresque*, 1855).

T. IV.

DILIGENZA DI RITORNO DALLA LUNA

Napoli 1º Aprile 1836.

Diligenza di ritorno dalla Luna, litografía de Leopoldo Galluzzo y Gaetano Dura para *Altre scoperte nella Luna* del Sr. Herschel (1836). Se trata de una obra satírica falsamente atribuida al astrónomo inglés John Frederick William Herschel, en realidad escrita por el periodista Richard Adams Locke. Aunque irónicamente inverosímil, durante un cierto periodo se le dio cierta credibilidad.

La Luna en Escorpio

La Luna en Escorpio tiene una fuerte influencia: estimula particularmente la esfera emocional generando de forma injustificada miedos a la muerte prematura y a los accidentes, sobre todo por presencia de líquidos.

Son días en que las intuiciones son numerosas y los sentimientos aparecen de forma incontrolada, fluctuando como el elemento del signo, el agua.

Además, la influencia lunar aumenta el veneno del escorpión, que si no encuentra armonía con la onda energética del astro, puede desembocar en el egoísmo típico del signo y en la propensión hacia la maldad, la falsedad, las mentiras y la ambigüedad.

Durante la Luna creciente se pueden plantar verduras de hoja larga, excepto la lechuga, que crecería demasiado rápido (se debe plantar en Luna menguante). Es también el momento idóneo para sembrar, podar y cuidar los árboles frutales.

Si la Luna es decreciente, es el momento ideal para secar flores y hojas de las hierbas mágicas. Particularmente fructífera será la recogida y conservación de plantas medicinales y hierbas aromáticas: aprovecha para elaborar tisanas, aceites y otros remedios que así preparados resultarán particularmente eficaces.

Los órganos afectados en este tránsito son los genitales y las vías urinarias, que en este periodo se tienen que tratar con delicadeza para no provocar complicaciones infecciosas.

La Luna en Escorpio es particularmente favorable para complejos ritos de magia blanca y negra, sobre todo los formulados para destruir a los enemigos.

La influencia lunar aumenta el veneno del escorpión, que si no encuentra armonía con la onda energética del astro, puede desembocar en el egoísmo típico del signo

Grabado del siglo xix que enfatiza los efectos de la atracción lunar en las masas de agua del océano.

Luna en Sagitario

El tránsito de la Luna en este signo favorece la capacidad para los estudios técnicos y científicos y para la exploración de todo aquello que está fuera de la zona habitual de interés y competencia.

Gracias al poder del signo de fuego, es una Luna que ilumina la imparcialidad en los juicios y protege y regala buena salud y longevidad.

Es también una Luna inquieta, curiosa y sincera que induce a la generosidad típica del signo y a una fuerte capacidad comunicativa, lo que en las situaciones de convivencia provoca una alegría contagiosa.

Gracias al poder del signo de fuego, la Luna en Sagitario ilumina la imparcialidad en los juicios y protege y regala buena salud y longevidad

Este periodo es particularmente favorable para la intuición y la especulación abstracta, lo que no significa necesariamente alejarse de la realidad y de las cosas prácticas. La Luna en Sagitario incita también a la realización de los ideales y la comprensión del diseño cósmico individual.

Todos los cultivos, sobre todo los árboles frutales, si son plantados en fase de Luna creciente, darán grandes beneficios.

Con Luna menguante, en cambio, lo mejor es aprovechar para liberarse de los parásitos, las plantas herbáceas y las hojas secas.

Los días de Sagitario actúan sensiblemente —en sentido positivo— en la columna vertebral, en el nervio ciático y sobre las piernas, donde resultan doblemente eficaces los masajes drenantes contra la celulitis y la retención de líquidos.

Este periodo es propicio para hacer largas caminatas al aire libre, pero únicamente si se está entrenado; de lo contrario, la fatiga será doble.

Durante el tránsito de la Luna en Sagitario se pueden hacer operaciones de alta magia, ceremonias e invocaciones.

Fouché

A. JACOL.

Reloj astronómico de la plaza de San Marcos de Venecia. Inaugurado el 1 de febrero 1488 y aún en uso, señala hora, día, fases lunares y Zodiaco.

Luna en Capricornio

La Luna en Capricornio tiene la compañía nefasta de Saturno. Se siente exiliada, porque se encuentra en el lado opuesto de Cáncer, signo en el que tiene su casa. Esto es causa de mal humor, apatía y pereza, llevando a resultados desafortunados que pueden desembocar en depresión y obsesión.

Existe además la posibilidad de hacerse heridas graves y hay peligros a la vista, incluso para las uniones sentimentales que no estén consolidadas o cuidadosamente protegidas por ritos y vínculos.

> La Luna en Capricornio tiene la compañía nefasta de Saturno y se siente exiliada, porque se encuentra en el lado opuesto de Cáncer, signo en el que tiene su casa

Son necesarias la autoestima y la fe para hacer a un alma libre de frustraciones e independiente de los deberes hasta derribar la frialdad típica del signo, recordando que la aspereza de carácter es solo un arma de autodefensa de las emociones demasiado perturbadoras.

Siendo un signo ligado al elemento tierra, Capricornio padece el influjo lunar en las plantas hipogeas y en las raíces, que durante la Luna creciente se tienen que regar y nutrir con abono orgánico.

Si la Luna es decreciente, es el momento ideal para plantar tubérculos y rizomas, eliminar las malas hierbas y podar los árboles y los arbustos.

La presencia de la Luna en este signo repercute también en el cuerpo, que en esta fase es particularmente sensible a los dolores de rodilla y a la sequedad de la piel, así como propenso a los problemas articulares y cutáneos. Por eso es tiempo de cuidar la piel, purificándola y nutriéndola con mascarillas y exfoliantes.

La energía lunar favorece rituales para protegerse de los espíritus elementales de la Tierra, y si la Luna es decreciente o nueva, es un buen momento para las artes oscuras.

La carta de la Luna en el *Tarot Visconti Sforza*, probablemente obra de Antonio Cicognara (1466).

Luna en Acuario

Durante este tránsito, Saturno va de la mano de Urano en su rol malvado, una posición no connatural en relación con la expresión del astro nocturno, a pesar de que se encuentra en un elemento apropiado como el agua. El pasaje en este signo zodiacal, ecléctico y creativo, causa ansiedad, inestabilidad emotiva, depresión, inadecuación, melancolía, problemas amorosos, intolerancia y tristeza.

En los días de Acuario sería bueno no hacer tareas de jardinería y respetar el reposo de la vegetación. El único trabajo para el que es beneficiosa esta fase es la poda de las hortensias durante la Luna creciente.

En cuanto a la salud, se trata de un periodo en el que las personas predispuestas pueden sufrir flebitis, problemas circulatorios en general y molestias en las articulaciones, calambres en las pantorrillas y piernas cansadas. Son días propicios para dedicarse a descansar, a los masajes regeneradores y drenantes, a las artes adivinatorias y a los estudios esotéricos más complejos.

Los días de Acuario son propicios para el descanso

La Luna en Piscis

El paso lunar por este punto del Zodiaco corresponde a un estado de apatía, languidez, pereza, descuido y abandono. Es un periodo vacilante y crítico que no permite crear certezas ni construir proyectos de larga duración. Se pueden también manifestar una difusa y no bien definida insatisfacción, una sensación de inadaptación y unas confusas ganas de cambio —pero sin planificación ni dirección precisas— en una inclinación hacia la oportunidad de infidelidad. Sin embargo, las nuevas pasiones amorosas pueden llevar a la inconstancia hasta llegar a la inevitable pérdida de la pareja habitual.

Muchos proyectos artísticos y laborales se inician en estos días por una mente explosiva pero desordenada: pocos llegarán a concretarse, no por falta de talento, sino por la ausencia de un pragmatismo real y de una clara lucidez en los intentos.

La atracción por la Luna por parte de los signos de agua provoca tormentas emotivas que se apaciguan con las fuerzas de la mente.

Es un periodo aparentemente favorable para los cambios, pero embarcarse en viajes

—y con esto se entiende no solo desplazamientos físicos— podría provocar la pérdida de gran cantidad de dinero.

Hay que evitar decisiones irreversibles, compras imprudentes, mudanzas, cambios de trabajo, firmas de contratos o promesas que no se está seguro de poder mantener.

En la naturaleza es un momento de armonía con las hojas, por lo que se aconseja plantar durante la Luna creciente verduras y hortalizas de hoja larga, como espinacas y acelgas, pero no lechugas, cuyo crecimiento está regulado por la Luna decreciente. Se pueden enterrar las patatas, regar las plantas de balcón y plantar hierbas mágicas. Con la Luna decreciente es el momento de segar el césped.

Atención a los pies y a la dentadura en esta fase porque el influjo de la Luna los sensibiliza. Los enjuagues medicinales y los baños de pies tendrán un efecto beneficioso duplicado.

La Luna en Piscis sugiere aprendizaje de nuevas disciplinas mágicas

Desde un punto de vista esotérico, la Luna en Piscis sugiere el aprendizaje de nuevas disciplinas mágicas, cuyo estudio puede aportar equilibrio y facultades psíquicas mejoradas. Es bueno, por tanto, consagrar talismanes destinados a favorecer la apertura mental.

Talismanes y amuletos

Habitualmente, las palabras talismán y amuleto se usan como sinónimos. No lo son. Un amuleto es un objeto activado de forma peculiar con la función de proteger contra la negatividad en general: envidias, celos, actos hostiles y rituales adversos. En pocas palabras, aleja el mal que podría ser nocivo. Un talismán tiene, además, una connotación positiva, porque avecina, atrae el bien y la buena suerte sin dañar a nadie. Un talismán ayuda a alcanzar un objetivo de forma activa, un amuleto elimina obstáculos e impedimentos.

LVNA

LAS CORRESPONDENCIAS LUNARES

E l resplandeciente astro nocturno tiene numerosas correspondencias simbólicas que se encuentran en la magia y en los más diversos y antiguos cultos lunares.

Las más representativas son los lagos, los espejos, los huevos, las cunas, las barcas flotantes sobre el agua y, en muchas culturas tribales insulares de Polinesia, los cocos abiertos por la mitad.

Son también numerosas las plantas que sufren su influencia, sobre todo aquellas que eclosionan por la noche y, además, las piedras y los minerales lunares, como la selenita, la perla, el cristal de roca y la piedra de Luna.

Los metales lunares por excelencia son la plata, el platino y el oro blanco.

Entre las especies vegetales, las hierbas lunares típicas son el jazmín, el lirio blanco o

Muchas culturas han relacionado la Luna con la imagen de los conejos o de las liebres, consideradas criaturas lunares por excelencia.

azucena, el lirio del valle, la gardenia, la amapola, el sauzgatillo, la lunaria, el nenúfar, el iris y las resinas de mirra y alcanfor.

Los animales asociados a la Luna son aquellos que están sujetos a metamorfosis, a hibernación y los que están ligados al concepto de fertilidad y al agua. En general, podemos decir que, todos aquellos seres vivos en los cuales el concepto de mutación es un aspecto predominante de su desarrollo o de su comportamiento.

Entre los animales marinos están el cangrejo, que representa el signo de Cáncer, los moluscos de concha plateada y los peces plateados.

Entre los animales de aire, son lunares las lechuzas, los cisnes, las ocas blancas, las palomas, las mariposas y los murciélagos.

Entre los terrestres, caracoles, orugas, sapos, serpientes y escarabajos.

Los mamíferos que la representan, además de los murciélagos, son los osos, los ciervos, los lobos, los gatos, los conejos y las liebres, las vacas y los antílopes.

En páginas sucesivas veremos con más detalle las correspondencias lunares de las plantas, los animales, los metales y las piedras.

Luna llena con ramas de ciruelo en flor, **de Itō Jakuchū, 1755 (Museo Metropolitano de Arte de Nueva York).**

LAS PLANTAS LUNARES

Las plantas vinculadas al arquetipo lunar se identifican por sus características morfológicas o según sus propiedades. Están todas íntimamente relacionadas con el elemento agua.

En general, son ricas en fluidos y muchas tienen sustancias que actúan sobre los líquidos de forma que los mantienen en el interior del tejido vegetal.

La Luna, además, influye en la práctica de la alquimia espagírica favoreciendo una circulación más fluida de los humores presentes en el organismo humano en relación con las plantas curativas que se usan.

Todas las flores grandes, perfumadas y blanquísimas y algunas variedades que se abren por la noche están conectadas con la Luna.

La recolección de las hierbas mágicas debe hacerse durante fases lunares precisas para preservar las energías vegetales y en puntos geomagnéticos positivos, en armonía con los cuatro elementos, para no alterar el campo energético; lejos de la contaminación. Las plantas silvestres tienen mayor potencial que las cultivadas.

Para extraer todos sus principios conviene elegir finales de otoño para recoger raíces, especialmente en las primeras horas de la mañana o al anochecer y durante días serenos y con tiempo estable.

El tallo y las hojas se deben coger en pleno desarrollo y antes de la floración, por la mañana, pero no más allá de las doce, en días soleados y sin viento. En estas condiciones se recogen también las flores y los frutos nada más alcanzar la madurez.

A cada parte de la planta le corresponden poderes curativos que influyen en los órganos: las raíces actúan sobre el cerebro, las hojas y el tallo influyen en los órganos internos del tórax, mientras que las flores, los frutos y las semillas extienden su radio de acción a los órganos reproductivos.

Cada parte de la planta tiene, además, su influencia mágica: las raíces están asociadas al elemento tierra; las hojas, al elemento agua; las flores, al elemento aire, y las semillas, al elemento fuego.

Las raíces estás relacionadas con Saturno; el tronco, con Marte; las hojas, con la Luna; las flores, con Venus; los frutos, con Júpiter, y las semillas, con Mercurio.

Las plantas lunares son generalmente ricas en fluidos y muchas contienen sustancias que actúan sobre los líquidos

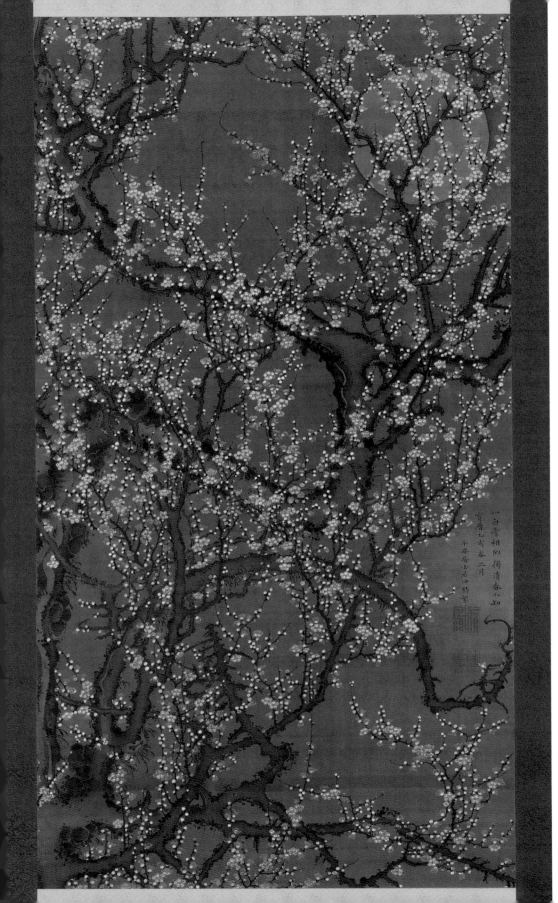

Lirio blanco, xilografía
policromada a mano del *Hortus
sanitatis (Jardín de la salud),*
impreso por Peter Schöffer el
Viejo (Maguncia, 1485).

Los brotes ven favorecido su crecimiento en el momento en que la Luna pasa por delante de las constelaciones de tierra, como Capricornio, Tauro o Virgo, sobre todo en la fase de Luna decreciente.

La Luna que pasa por delante de determinadas constelaciones les da características particulares a varios tipos de plantas y les aporta virtudes mágicas.

En efecto, las plantas lunares son refrescantes, emolientes, lenitivas y gobiernan los líquidos corporales, la reproducción y la digestión. Armonizadoras y sedantes, actúan eficazmente también sobre el sistema nervioso.

Gardenia

La perfumadísima gardenia se suele usar normalmente en meditaciones y ritos curativos por su alto potencial de vibraciones espirituales benéficas. Los brotes frescos en particular tienen un importante poder curativo, mientras sus pétalos secos son eficaces en inciensos usados en rituales curativos y de amor.

Las plantas lunares, armonizadoras y sedantes, actúan eficazmente en el sistema nervioso

Jazmín

El embriagador perfume de este arbusto trepador común lo convierte en un ingrediente fundamental en los encantamientos de amor. La flor fresca metida en un saquito de plata propicia el amor puro y atrae el dinero. Quemado antes de acostarse, induce sueños proféticos.

Lirio

Esta flor blanca como la nieve favorece la videncia y la comunicación con los muertos. Para romper maleficios de amor, y más concretamente los sortilegios de carácter sexual, es necesario fabricar con un bulbo de esta planta, cuando la Luna y Venus estén en conjunción en el signo de Libra, un amuleto para llevar al cuello.

Muguet

Es una delicada florecilla muy perfumada que estimula la memoria y la creatividad. Según la tradición nórdica, las flores del muguet, parecidas a pequeños cálices, las usaban las hadas para brindar durante las fiestas en los bosques.

Su perfume acrecienta las facultades psíquicas y artísticas, haciendo emerger del inconsciente nuestros más remotos impulsos. Se usa en talismanes para afianzar afectos y favorecer la memoria y el aprendizaje.

Lilium albū wyß lilien   Cap·ccrrir·

Lilium latine·arabice ansea uel alstoscam·grece Licina uel
Syrion· ¶Der meister Serapio in dem buch aggregatoris
in dem capitel Ansea id est lilium beschribet vns vnd spricht
daz lilium sy heyß vnd druckener natuer in dem temperament· vnd
der ist zweyerhande·Eyn wilde·die ander zame· ¶Der meister Ga
lienus spricht daz die wilden lilien mancherhande blomen haben·

Flores de sauzgatillo
(*Vitex agnus castus*).

Sauzgatillo

Es un arbusto con hojas aterciopeladas en la parte inferior, con espigas de flores violetas y a veces también blancas.

Se usa como refrescante y relajante y ayuda a regular y aliviar los dolores del ciclo menstrual. Es útil en las prácticas místicas y extáticas.

Amapola

La amapola tiene las propiedades de un somnífero ligero, es descongestionante, sudorífica y calmante. Además, estimula los sueños proféticos. Se emplea en los rituales adivinatorios y en inciensos lunares.

Es la flor del amor y de la abundancia, y sus pétalos casi impalpables representan la parte del alma más delicada y expuesta. Las vainas de la amapola desecadas, si se usan como amuletos, favorecen la riqueza.

Las vainas de la amapola desecadas, si se usan como amuletos, favorecen la riqueza

Alcanfor

Proviene de un majestuoso y longevo árbol sagrado de Extremo Oriente, cuyo extracto cristalino apacigua los instintos carnales y estimula el éxtasis místico. Es también un ingrediente preciado en la preparación de inciensos para la adivinación y para alejar el mal.

Mirra

Es una gomorresina aromática que exuda de árboles provenientes de las costas orientales del África septentrional y de la península arábiga. Sus emanaciones son estimulantes y amplifican las vibraciones positivas y la purificación. Se usa para la meditación y los rituales de purificación y sanación.

Iris

Es una liliácea perenne muy resistente de cuyo rizoma se recolecta un precioso polvo blanco con olor a talco que se emplea para terapia y para magia. Cura las enfermedades de origen nervioso, aleja las presencias negativas, aumenta las capacidades adivinatorias y propicia el amor espiritual. Quemar una pequeña cantidad antes de dormir favorece los sueños proféticos.

Estela de Merneptah,
c. 1802-1550 a. C. A la
izquierda, Merneptah huele
flores de nenúfar invocando
la protección de Osiris, dios
de la ultratumba. Frente a él
una figura femenina, que la
inscripción identifica como
Ina, tiene en la mano un
ramito (Museo Metropolitano
de Arte de Nueva York).

Nenúfar

Esta preciosa planta acuática es muy apreciada por las divinidades lunares. Cualquiera de sus partes, si se lleva puesta, atrae su benevolencia.

Para proteger el cuerpo astral es necesario oler profundamente el perfume de su flor.

Sus semillas son especialmente eficaces a la hora de combatir los maleficios de amor.

Lunaria

Donde la lunaria crece de forma espontánea no hay presencias negativas.

Para protegerse de malos espíritus y duendes traviesos, será suficiente con plantarla en el jardín: la lunaria tendrá un efecto protector para la casa y sus habitantes.

De sus flores, con cuatro pétalos de color violeta (más o menos intenso), se generan unos frutos característicos formados por un velo que, al secarse, adquiere un color blanco plateado traslúcido que deja ver las semillas.

Su aspecto redondeado, que recuerda a la Luna llena, ha propiciado que popularmente se le conozca con el nombre de moneda del papa.

Datura

Esta maravillosa planta invasiva de grandes y blancas flores en forma de cáliz que se abren hacia el cielo está consagrada a la Luna y es una hierba típica de las brujas.

Ten especial cuidado con esta planta, y si puedes, aléjate de ella. Se trata de una planta tan bella como venenosa, que se conoce también con el nombre de estramonio o hierba del diablo.

La ingesta de las semillas o de cualquier parte de la planta (en particular combinada con dosis, incluso mínimas, de alcohol) es tóxica para el organismo y produce ceguera, parálisis y muerte, ya que contiene alcaloides como la atropina y la escopolamina.

Parece ser que los chamanes de algunas tribus de nativos americanos dieron con la dosis ideal de esta hierba para inducir inspiradores estados alucinatorios.

Para proteger el cuerpo astral es necesario oler intensamente el perfume de la flor del nenúfar

Lobos que asaltan un rebaño de ovejas. La asociación de este animal con la Luna llena es muy habitual en casi todas las culturas.

LOS ANIMALES LUNARES

Algunos animales encarnan en sí mismos símbolos lunares porque su forma o sus ritmos de vida evocan el comportamiento y el destino del astro.

Animales que están sujetos a metamorfosis o que desaparecen en hibernación o que se mudan habitualmente están asociados a la Luna, así como las criaturas cuya forma evoca la esencia femenina lunar.

En muchas culturas, de hecho, la espiral del caracol o de la caracola es un símbolo lunar que hace referencia a las fases lunares, a la relación con el agua y a la fertilidad.

Esta teofanía está perfectamente representada en el dios lunar mexicano Teccizté-catl, que se representa desde la Antigüedad encerrado en el caparazón del caracol.

Pero también el comportamiento del caracol es lunar: sus pequeños cuernos (en realidad, apéndices al final de los cuales se encuentran los ojos) aparecen y desaparecen como la Luna, y además es atraído por la humedad.

El simbolismo de la serpiente enrollada tiene una polivalencia lunar llamativa: más allá de la forma en espiral o en círculo como el uróboro alquímico, es inmortal, ya que es capaz de mutar periódicamente y es símbolo de la fecundidad y el conocimiento.

El cangrejo es lunar por su aspecto astrológico, ya que la Luna tiene su propia casa en Cáncer. Además, es un ser acuático, sigue las mareas y su caparazón está sujeto a muda periódica. También los cuernos del ciervo constituyen un símbolo lunar por la capacidad de regenerarse, y los de los bovinos recuerdan a la media Luna.

Los animales que hibernan y, por tanto, desaparecen para volver a aparecer, como el oso, representan una fuerte metáfora lunar.

La rana es parecida a la Luna por su metamorfosis y su comportamiento: se hincha y desaparece en el agua para después reaparecer.

Los animales nocturnos, como gatos y búhos, están asociados a la Luna, sobre todo

Animales que están sujetos a metamorfosis o que hibernan o mudan habitualmente están asociados a la Luna

Un lobo aúlla a la Luna
llena, un comportamiento
que se produce en
muchos cánidos.

por el brillo de sus ojos en la oscuridad y su valor mágico.

Los cánidos, como los perros, lobos, zorros, chacales o coyotes, se someten emocional y etológicamente a su influencia. Considerados como animales telúricos (es decir, del inframundo), están consagrados a la Luna.

Liebres y conejos, además, representan en casi todas las mitologías orientales un fuerte vínculo con la Luna, tanto que las manchas lunares se consideran sus huellas.

Gato

El gato se mueve de forma sinuosa y sigilosa en la noche y puede ver en la oscuridad. Es el animal mágico por excelencia, habitualmente elegido como mascota de las brujas. Representa las misteriosas energías lunares, además de ser el felino sagrado de las diosas lunares Diana (Artemisa en el panteón grecorromano) y Bastet (mitología egipcia).

Liebre y conejo

El conejo y la liebre se asocian a la Luna en muchas culturas. En la mitología china, japonesa e hinduista hay innumerables leyendas que se basan en la forma de un co-nejo que se ve en la Luna desde la Tierra. Los bosquimanos del Kalahari consideran a la liebre una emisaria de la Luna, y en muchas culturas los cráteres de la Luna son considerados las huellas de las liebres. La capacidad reproductiva típica de estos animales favorece su consideración como símbolo de la fertilidad, concepto asociado a los ciclos lunares.

Lobo

La imagen del lobo solitario que aúlla a la Luna llena está impresa en el imaginario colectivo, representación clásica de este magnífico y evocativo animal totémico, símbolo de fuerza, libertad e instintos ancestrales.

Bestia hiperbórea, representa la Luna primitiva original y está en el centro de todas las antiguas tradiciones nórdicas: es el animal que ve en la noche y sus ojos se iluminan en la oscuridad.

El conejo y la liebre se asocian a la Luna en muchas culturas

¿Por qué el lobo aúlla a la Luna?

Los lobos y los cánidos usan sonidos y reclamos específicos para comunicarse con sus semejantes.

La modulación del aullido es única de cada lobo, y eso los ayuda a mantenerse en contacto con los otros miembros de la manada. Además, el aullido del lobo es contagioso. Con la finalidad de que este sonido alcance grandes distancias, el lobo proyecta de forma espontánea el cuello hacia lo alto. Esta posición ha quedado grabada en el imaginario colectivo y ha dado vida en todo el mundo a muchas leyendas románticas.

Los científicos afirman que en realidad los lobos no aúllan a la Luna, pero sin duda se puede afirmar que el astro influye en la intensidad y en la frecuencia de las llamadas que emiten, especialmente en el plenilunio.

Lechuza y Luna llena, de
Soga Nichokuan,
principios del siglo XVII
(Museo Metropolitano
de Arte de Nueva York).

Está considerado un animal fecundo al tiempo que destructivo, como la Luna.

El vínculo entre el lobo y la Luna se testimonia en las leyendas de varias culturas. Los celtas lo consideraban fuertemente conectado con los poderes lunares; devoraba al Sol con la finalidad de que la Luna pudiera iluminar la noche en todo su esplendor. En los mitos nórdicos será el lobo cósmico Hati quien devore la Luna durante el Ragnarök provocando el eclipse apocalíptico.

Solo en alquimia el lobo está asociado al Sol, mientras que el perro lo está a la Luna. En cualquier caso, todos los cánidos, incluso el chacal, tienen un valor telúrico y lunar.

El binomio representado por el lobo y la Luna es la base del folclore legendario que se ha creado en todas partes alrededor de la figura del hombre lobo, fenómeno sobre el cual tendremos ocasión de volver con mayor detalle en páginas sucesivas.

El vínculo entre el lobo y la Luna se testimonia en las leyendas de varias culturas

Lechuza

Esta pequeña ave rapaz nocturna, compañera de las brujas y sagrada para Atenea (diosa griega de la sabiduría), es también el emblema de la diosa lunar egipcia Isis, que se relaciona con la maternidad, la fertilidad y el universo femenino en general.

Sus ojos especialmente grandes y expresivos son seductores y femeninos, tanto que en Italia se usa el término *civettare* (de *civetta*, lechuza) para referirse a una mujer que trata de seducir y atraer hacia ella a los hombres, doblegándolos a su voluntad.

Guardiana de la ultratumba en muchísimas culturas (incluidas las de los nativos americanos), la lechuza es el símbolo de la sabiduría, de la inteligencia racional que con sus ojos ilumina donde otros perciben solo sombras, igual que hace la Luna.

La lechuza simboliza los poderes interiores oscuros, el ciclo menstrual, la necesidad de transformación para alcanzar la renovación.

Su valor en la simbología popular es ambiguo: en unos casos, ave de mal augurio porque está asociada a la muerte y a la ultratumba; en otros, portadora de conciencia

Uróboro, de Theodoros Pelekanos. Copia de un manuscrito atribuido a Sinesio de Cirene (fallecido en 412 d. C.), del *Codex Parisinus* de 1478. El texto del tratado data del siglo VII y es probablemente obra de Stefano Alessandria.

porque ve en la oscuridad donde nadie más puede hacerlo.

Era adorada por los aztecas como señora lunar de la noche, de las lluvias y las tempestades, y la cultura chimú peruana la representaba en forma de media Luna en el mango del cuchillo que se usaba para los sacrificios.

En la mitología saami, la lechuza está considerada símbolo de la noche y del claro de Luna.

Serpiente

La serpiente representa a la perfección el polisimbolismo lunar: ambas son símbolo de fertilidad, agua, ciclicidad, transformación y renacimiento.

Este concepto está magistralmente representado por el mágico uróboro (también ouroboro u oroboro, si se quiere adoptar su forma palíndroma, que exalta la continuidad

En la cultura china la serpiente es el origen de todos los poderes mágicos

y la plenitud), es decir, la serpiente que se muerde la cola.

El uróboro es el ejemplo manifiesto del carácter cíclico que se nutre de sí mismo, un círculo que personifica el eterno retorno y cuyas escamas son representación de las estrellas. El círculo lleva también el aspecto de una serpiente enrollada, y la espiral es una manifestación sagrada (hierofanía) selénica que marca el *continuum* entre la luz y la oscuridad.

Este reptil es un ser telúrico con una profunda simbología esotérica. La diosa lunar Lilith también se llamaba 'La Primera Serpiente'.

En la cultura china la serpiente es el origen de todos los poderes mágicos, mientras que los términos hebreos y árabes relativos a la magia están relacionados con referencias a estos reptiles. En la Biblia, además de representar al demonio tentador (al tiempo que portador de conocimiento), la serpiente es usada por Moisés cómo símbolo de protección y curación.

La serpiente es lunar y, por tanto, eterna. Al vivir bajo tierra, encarna las almas de los muertos y conoce todos los secretos.

Murciélagos en una noche de Luna llena, según un grabado del siglo XVIII.

Murciélago

El murciélago es un animal nocturno que se ha asociado siempre a la Luna. En la tradición china es símbolo de magia, suerte, misterio, y se asocia a la buena muerte. En otras culturas está considerado un emisario de la Luna, y el aspecto folclórico que ve su transformación a vampiro aumenta la sugestión que causa este animal lunar.

En realidad, los murciélagos, que son ciegos pero fotosensibles, científicamente sufren de fobia lunar, y se ha comprobado que durante el plenilunio raramente cazan para evitar convertirse ellos a su vez en presas de las rapaces nocturnas.

Oso

El oso, venerado por muchísimas civilizaciones primitivas, encarna la agresividad, la fuerza, pero también la hibernación, protegido por la luz de la Luna e influenciado por su ciclicidad. En Alaska el oso es el símbolo lunar porque, precisamente como la Luna, sigue ritmos de forma exacta.

El oso desaparece y reaparece como la Luna se esconde y después vuelve a aparecer.

Representa las energías escondidas de la Tierra, la curación mediante los elementos, la naturaleza, la estrategia, la caza. El oso, sobre todo en el antiguo chamanismo, tiene una magia potentísima.

El murciélago en la tradición china es símbolo de magia, suerte y misterio, y está asociado a la buena muerte

También para los celtas este majestuoso plantígrado simboliza la Luna en cuanto representa la energía femenina y la protección de la prole. Antigua es la rivalidad entre jabalí y oso, que representa la lucha entre el poder temporal y el espiritual.

Los celtas adoraban al dios oso Artaius, que se puede asociar al dios romano Mercurio. El oso es también divino para los ainus o ainos, asociado a la Luna y al principio femenino, venerado como protector del embarazo y del parto, y también símbolo del sacrificio.

Concha

La concha está relacionada con el agua, la feminidad y la Luna. Con su característica forma cóncava, la concha representa el simbolismo de las fases lunares y el continuo devenir. Además de su forma evocadora, es de un material, el nácar, que está íntimamente relacionado con los rayos lunares.

Ciervo

El ciervo está considerado un ser lunar por su capacidad de regenerar de forma anual sus cuernos, que, como la Luna, son ejemplo de la constante renovación de la vida, el proceso de la muerte y el renacimiento. Los cuernos se renuevan cayendo para volver a crecer en primavera cubiertos de una pelusilla aterciopelada y con una ramificación más, que simboliza el aumento de la fuerza y de la edad. Elevándose hacia el cielo, los cuernos hacen de enlace con la Tierra y simbolizan la relación entre el mundo espiritual y el terrenal.

Los celtas consideraban al ciervo un animal sobrenatural, perteneciente a la diosa madre, asociado al culto de la fertilidad y de la Luna, y personificación del dios Cernunnos.

El ciervo se considera un ser lunar por su capacidad de regenerar los cuernos

Rana

La rana tiene un importante valor simbólico por su prolificidad, por su metamorfosis (que pasa por las fases de huevo, renacuajo y adulto cuadrúpedo) y obviamente porque está unida al agua. En el Antiguo Egipto se consideraba un símbolo del renacimiento y de la continua regeneración de la vida. En la antigua China se creía que los huevos de rana llovían del cielo con el rocío.

Como la Luna, la rana se transforma hasta hincharse como en el plenilunio, desaparece en las aguas y reaparece.

Es un animal onírico específicamente femenino y materno, símbolo lunar de agua, prosperidad y suerte.

La rana es la prueba de que la transformación puede llevar a la liberación.

Caracol

La espiral del caracol es un antiguo símbolo lunar que se refiere específicamente a las fases lunares. La Luna está y después deja de estar, como el caracol nos muestra y esconde sus cuernos.

La concha del caracol es, además, circular y en espiral, símbolo del devenir y del retorno. Este animal, en la antigua religión mexicana, se convertía en teofanía lunar: el dios de la Luna azteca Tepoztécatl se representa encerrado en una concha de caracol.

Cabeza de vaca con el disco lunar entre los cuernos, símbolo de la diosa egipcia Hathor (1292-1191 a. C.). Deir el-Medina, XIX dinastía.

Vaca

Los cuernos de algunos bovinos recuerdan la forma de la media Luna y la vaca es símbolo de fertilidad y maternidad. Estos dos aspectos vinculan al animal a las tradicionales prerrogativas lunares.

Los argivos del siglo VI a. C. veneraban a la Luna, a la que identificaban con una vaca blanca. Sus cuernos simbolizaban el primer cuarto de Luna, periodo al que estaban asociadas las lluvias y, por tanto, a una época de abundancia de pastos y vegetales en general.

La vaca era sagrada para Isis, la madre universal, y para Hathor, la diosa cósmica que encarna el principio femenino en la naturaleza. Las dos diosas estaban vinculas tanto al Sol como a la Luna, como muestran el disco y los cuernos crecientes en su iconografía.

Para los hinduistas la vaca es sagrada, remite a la fertilidad y a la abundancia y es símbolo y manifestación de la generosidad de la Tierra. Se venera a Gau o Madre Vaca, y el toro blanco Nandi es la mítica montura de Shiva, cuyas cuatro patas representan la verdad, la rectitud, la paz y el amor. En muchas culturas estos majestuosos y plácidos bovinos tiran del carro de la Luna.

Cangrejo

El simbolismo del cangrejo en astrología está representado por el signo del zodiaco Cáncer como emblema de la Luna. Está unido principalmente al elemento agua y a temas de protección y casa lunar. También en el tarot, cangrejo y Luna están íntimamente conectados.

En la mitología egipcia, el dios Anubis esperaba en la constelación de Cáncer a las almas de los difuntos para el juicio.

Los cangrejos se mueven dependiendo de las mareas y siguen el ritmo de la Luna. Además, tienen la capacidad intrínseca de renovar cíclicamente su caparazón.

La Luna está identificada con una vaca blanca porque sus cuernos simbolizan el primer cuarto de Luna, periodo en el que se suelen dar las lluvias y, por tanto, la abundancia de pasto

La metamorfosis de los metales en oro (Sol) y plata (Luna) por obra del dragón alquimista (Mercurio). Xilografía del *Theatrum Chemicum britannicum*, de Elías Ashmole (Londres, 1652).

LOS METALES Y LAS PIEDRAS LUNARES

Si el calor del Sol se refleja en el oro de las joyas, la preciosa frialdad de la plata, del oro blanco y del platino recuerda el reflejo de los rayos lunares y simbolizan el color de la Luna.

Su pureza, los reflejos etéreos y el brillo recuerdan los de la Luna, y desde la Luna son transmitidos los efectos equilibradores y purificadores que otorgan.

Su pureza, los reflejos etéreos y el brillo recuerdan a los de la Luna, y también los efectos equilibradores y purificadores que otorgan son trasmitidos desde la Luna.

Perlas y nácar, aunque tienen origen orgánico, son consideradas como piedras en las prácticas esotéricas y tienen una conexión evidente con la Luna, que se explica no solo en la iridiscencia del color, sino también en el simbolismo relacionado con el agua, la fertilidad y la protección materna.

Estos cristales y perlas se cargan y son activados principalmente a través de baños de Luna llena.

> La Luna adopta las virtudes de la plata, como la purificación y la energía blanca, que es fuerte, mutable y maleable

Plata

La plata es sin duda el metal lunar por excelencia.

En las teologías y cosmogonías de muchas culturas, en los sitios más dispares del mundo, la plata está considerada el color lunar, y muchas divinidades están tradicionalmente representadas con la tez, la cabellera y los vestidos plateados.

Asimismo, la plata se usa en ritos mágicos dedicados a la Luna, incluso en forma de velas de cera virgen plateadas consagradas al astro selénico y rigurosamente activadas bajo la luz del plenilunio. Las velas de plata se encienden habitualmente en muchos rituales para propiciar la voluntad de los dioses lunares.

La Luna adopta las virtudes de la plata, como la purificación y la energía blanca, que es fuerte, mutable y maleable como el noble metal.

Oro blanco y platino

Al igual que se cree que la plata estimula la conciencia psíquica y la clarividencia, refleja como un espejo las energías negativas y tiene poder protector, el oro blanco (75 % de oro y 25 % de níquel, plata o paladio) y el platino están considerados metales lunares y se utilizan frecuentemente en amuletos apotropaicos (es decir, que sirven para alejar el mal).

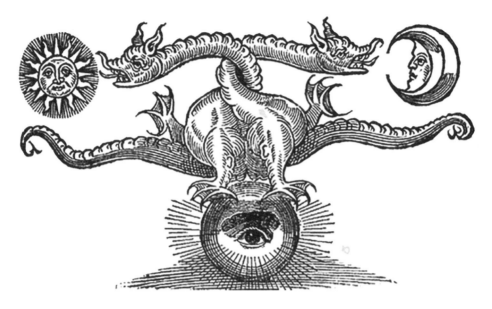

Perla

Esta joya marina, normalmente de forma redondeada, simboliza la Luna en toda su esencia, la mujer y el agua. Es la alegoría principal de la fuerza creadora de la que derivan todas las propiedades mágicas de las perlas. También tiene un origen animal. De hecho, es una concreción globulosa que forman los moluscos como las ostras al segregar capas concéntricas de un compuesto de carbonato cálcico cristalino y agua que engloba granitos de arena y cuerpos extraños para protegerse.

Por este motivo la perla adquiere una connotación de protección.

La perla es la lágrima de la Luna y demuestra que toda experiencia dolorosa se puede transformar en belleza superior. Simboliza la sublimación de los instintos, la espiritualización de la materia, la transfiguración de los elementos, el término brillante de la evolución. La perla es rara, pura y preciosa, alcanzando la perfección a través de una transformación sufrida.

La perla de la religión védica es la hija del dios lunar Soma y se cree que protege la vida. En China es símbolo de inmortalidad y su formación refleja los cambios de las fases lunares. En Persia las coronas reales estaban llenas de perlas por su carácter noble derivado de su sacralidad. Las doce piedras de la Jerusalén celeste constituían los doce fundamentos: «Las doce puertas son doce perlas, cada una de las cuales es de una sola perla».

En magia, la perla protege y atrae sus poderes directamente de la Luna, en lugar de; da estabilidad al estado de ánimo, actúa sobre los órganos de la digestión y la circulación de los fluidos y promueve la autocuración sobre todo si se toma en elixir.

La perla es la lágrima de la Luna y demuestra que toda experiencia dolorosa se puede transformar en belleza superior

Ídolo sajón de la Luna.
Xilografía, 1834.

Nácar

El nácar es un elemento anómalo compuesto por carbonato de calcio y una sustancia orgánica de origen animal que se encuentra en el interior de las conchas de los moluscos.

Compacto, frío, resistente, duro y brillante, se pensó durante mucho tiempo que también la superficie lunar podría estar compuesta de esta sustancia.

Su luminosidad e iridiscencia recuerdan los rayos lunares y la esencia misma de la Luna. Representa la energía primigenia generadora y secreta, escondida como está en el interior de la concha.

Desde el punto de vista esotérico, está vinculado con el océano, la profundidad y la eterna danza del agua.

Obtiene su poder mágico directamente de la Luna y protege sobre todo a los seres femeninos. Por esto, el nácar —y en parte la perla— están asociadas a joyas, talismanes y amuletos destinados a las mujeres.

El nácar está esotéricamente vinculado al océano, a la profundidad y a la danza eterna del agua

Piedra de Luna (*adularia lattiginosa*)

La *adularia lattiginosa* es un feldespato iridiscente que puede tener geminaciones complejas e infunde una potente energía adquirida directamente de la Luna. Su luz particular se denomina adularescencia. Esta piedra mágica es femenina por excelencia. Llevarla puesta favorece la consciencia y la serenidad interior, regenera y libera el cuerpo astral, estimula la videncia y protege, dando intuición y poniéndonos en contacto con nuestras emociones más profundas, reconectando las partes del alma olvidadas y atenuando las tendencias autodestructivas. Por otra parte, está asociada con el amor y la fidelidad y simboliza los nuevos inicios.

Está considerada una piedra sagrada, íntimamente relacionada con las virtudes selénicas: purifica, disuelve la negatividad y mantiene el equilibrio psicofísico. Está aconsejada para quien es víctima de las propias mareas interiores y también para quien tiene un temperamento inestable y estados de ánimo oscilantes.

La adularia obtiene beneficios de los baños frecuentes de Luna en agua de lluvia. En hindi, la piedra de Luna toma el nombre de *chandrakant*, es decir, 'predilecta de la Luna', en honor del dios selénico Chandra. Los romanos creían que esta piedra sagrada era la expresión de los rayos de la Luna solidificados y con ella elaboraban preciosas joyas.

Colonia de *Acropora
millepora* en la Gran Barrera
de Coral australiana.

Cristal de roca (cuarzo hialino)

El cuarzo hialino, claro como el agua, está asociado a la Luna por su pureza.

En la naturaleza se encuentra en forma de piedras en bruto, es decir, bloques naturales de mineral. Se presentan con cristales picudos o puntas, generalmente constituidas por seis lados que confluyen en un ápice, que se suelen reunir en haces o drusas. Sus diferentes cualidades y usos dependen de las formas que adoptan. El cuarzo hialino pulido se obtiene de forma artesanal.

Posee una notable resonancia empática con quien lo lleva puesto, así como las virtudes lunares de protección, introspección, belleza, pureza y verdad.

Tiene, además, la capacidad de ampliar, concentrar, almacenar y transformar la energía presente en el universo, haciéndola confluir en el aura, potenciando la fuerza vital y disolviendo los bloqueos emocionales.

El cuarzo hialino es el cristal perfecto para usar durante la meditación.

El cuarzo hialino es el cristal perfecto para usar durante la meditación

Los antiguos griegos creían que era un tipo de hielo peculiar, solidificado e imposible de derretir.

Esta relación con el agua se realiza también en las islas del Pacífico y por eso se emplea durante los ritos mágicos destinados a atraer la lluvia.

Los chamanes la consideraban una «piedra de luz», ya que creían que venía directamente del cielo y que en su interior se había conservado el universo entero.

En cristaloterapia está aconsejado para quien tiene problemas de tiroides y en los ojos. Asimismo, sirve para fortalecer los pulmones, el sistema linfático y cardiocirculatorio y todas las glándulas endocrinas.

Su relación con los ojos y con la vista está confirmada también por sus poderes hipnóticos y adivinatorios: si se observa intensamente, puede inducir estados de trance autohipnótico o trance guiado que desembocan en la clarividencia, en el conocimiento del futuro más remoto o de las cosas secretas del pasado.

Por este motivo, en ocultismo y adivinación se utiliza frecuentemente la esfera de cristal como una referencia específica a la redondez del disco lunar.

Los corales y la Luna llena

Cada año se da un fenómeno particular en la Gran Barrera de Coral del noreste de Australia, la primera noche después del plenilunio. En primavera avanzada (que en el hemisferio austral corresponde a los días de finales de octubre), durante algunos días, centenares de especies de coral sincronizan sus ritmos reproductivos de tal manera que se puedan fecundar el mayor número de huevos.

Este fenómeno fascinante, que está unido a la iluminación lunar, se debe a la presencia de los criptocromos, minúsculos organismos fotorreceptores que son sensibles a la longitud de onda de la luz azul, que en los animales superiores y en las plantas toman parte en la regulación de los ritmos circadianos (es decir, ritmos naturales de alternancia sueño/vigilia). Estudios sobre los pólipos del coral *Acropora millepora* (un antozoo de colores variopintos: del verde al rosa brillante, azul violáceo, o amarillo anaranjado) han llevado al descubrimiento del comportamiento de dos genes, identificando el llamado ritmo de expresión vinculado a los ciclos de iluminación diurna y nocturna, que se interrumpe en caso de oscuridad constante y se exalta, en particular, con la Luna llena.

Diana como luna en una nube,
grabado de Pieter Valck (1575).

Selenita o espejuelo

El espejuelo o *lapis specularis*, desde el punto de vista químico es conocido como sulfato de calcio dihidratado. Se trata de un yeso secundario, o lo que es lo mismo, una variedad cristalizada de yeso, de aspecto brillante y consistencia dura.

Si se observa a contraluz, emana una luz diáfana y está caracterizado por su gran transparencia.

Relativamente fácil de extraer, es muy común en todo el mundo y en Italia es particularmente abundante en la zona de la Emilia-Romaña. En España también es sencillo de encontrar. Su particularidad, por tanto, está, más que en su valor, en la posibilidad de extraer amplias láminas transparentes bastante regulares.

> El espejuelo se usa durante la meditación como piedra reequilibrante y purificante; en particular, regula los cambios de humor y da serenidad

En la época de los antiguos romanos, que extraían la selenita de las riquísimas minas españolas de Segóbriga descritas por Plinio el Viejo, se usaba de hecho en grandes láminas para hacer las ventanas con la misma función que tiene para nosotros el vidrio (cuyo proceso de fabricación era entonces desconocido). La luz que transparentaban estas ventanas era similar a la de la Luna (Selene en la mitología grecorromana).

Su uso en cristaloterapia está vinculado al sistema reproductivo femenino: aumenta la fertilidad y alivia las molestias relacionadas con el ciclo menstrual. Además, puede ayudar a la expulsión de toxinas y, como consecuencia, a disminuir la retención de líquidos; refuerza, además, el sistema muscular y beneficia al esqueleto. El espejuelo se usa durante la meditación como piedra reequilibrante y purificadora; en particular, regula los cambios de humor y da serenidad. Al ser purificante, aleja la negatividad del ambiente y facilita las capacidades telepáticas, las proyecciones y las visiones astrales. Es asimismo capaz de deshacer los bloqueos energéticos. Esta piedra también se recarga y purifica con baños de Luna llena.

Viaje de Astolfo a la Luna para recuperar el juicio de Orlando. Grabado de Paul Gustave Doré (1879) para el canto XXXIV del *Orlando furioso,* de Ludovico Ariosto.

LOS EFECTOS NEGATIVOS DE LA LUNA LLENA

La Luna irradia muchísimos efectos positivos que repercuten en la salud física y mental, pero este astro voluntarioso a veces muestra, metafóricamente, su cara oscura. Si no se entra en sintonía con la energía lunar, se advierten influencias negativas, sobre todo relacionadas con la potente energía que libera la Luna llena. Durante esta fase todo se amplifica, las emociones son más arrolladoras; las flores, más perfumadas, y si esta energía no se gestiona de forma inteligente, se padece nerviosismo, irritabilidad, agresividad, insomnio o intolerancia.

En medicina, desde la Antigüedad, al plenilunio se le atribuyen influencias sobre varios trastornos, como el sonambulismo, la epilepsia, la ceguera nocturna o incluso sobre algunas patologías psíquicas que se ven agudizadas cuando la Luna rompe la oscuridad con todo su esplendor.

Es la Luna de los locos, el astro de los lunáticos.

En medicina, desde la Antigüedad, a la Luna se le ha atribuido una influencia en varios trastornos

MAL DE LUNA

La legendaria figura del hombre lobo, presente con sus más pintorescas representaciones en muchas culturas, encarna aquellos instintos bestiales por los que el ser humano ha sido inevitablemente seducido. La transformación periódica de hombre a ser monstruoso, influenciada por las fases lunares, refleja la dualidad y la variabilidad del espíritu humano sobre las que la mitología y el folclore de numerosas culturas han insistido.

El licántropo —término griego que deriva de la palabra «lobo» (*lykos*) y «hombre» (*anthropos*)— es un ser voraz que en el folclore personifica la transformación del hombre en bestia, casi siempre durante el plenilunio.

Esta delirante transformación, según cada una de las leyendas, parece ser debida a la maldición de la Luna llena lanzada por una bruja o por un santo. En efecto, parece ser que san Patricio (obispo irlandés de orígenes escoceses, cuyo nombre real era Maewyn Succat y que vivió entre los años 385 y 461), habría maldecido a muchas personas transformándolos en licántropos.

Según otras fuentes, esta transformación era un castigo herético que podían sufrir los nacidos en la medianoche del día de Navidad o los concebidos en el día de la Anunciación (25 de marzo). Otras creencias apuntan como día fatal para ser concebidos el 29 de

El juicio de Orlando en la Luna

La correlación entre la Luna y la locura es un tema recurrente en muchas obras literarias. En el poema caballeresco del siglo XVI, *El Orlando furioso*, de Ludovico Ariosto, el caballero pierde la razón por amor. Quien recuperará el juicio de Orlando, en el canto XXXIV, será el caballero Astolfo que, cabalgando en un hipogrifo, llega a la Luna, a un «valle angosto entre dos montañas» donde acaban todas las cosas que pierden los hombres por su culpa, la del tiempo o la del destino. Entre ellas hay gran cantidad de juicios perdidos que son conservados en ampollas etiquetadas que encierran un licor ligero que se evapora cuando se abre el frasco. La ampolla más grande contiene el juicio completo de Orlando. Astolfo la cogerá y esperará el momento oportuno para que su amigo recobre la razón.

DE
LA LYCANTHROPIE,
TRANSFORMATION, ET
EXTASE DES SORCIERS.

*Où les aſtuces du Diable ſont miſes tellement en
euidence, qu'il eſt preſque impoſſible, voire
aux plus ignorants, de ſe laiſſer
doreſenauant ſeduire.*

Auec la refutation des argumens contraires,
que Bodin allegue au 6. chap. du ſecond
liure de ſa Demonomanie, pour ſou-
ſtenir la realité de ceſte pretendué
transformation d'hommes
en beſtes.

Le tout composé par I. DE NYNAVLD,
Docteur en Medecine.

A PARIS,

Chez NICOLAS ROVSSET, ruë de la Pelle-
terie, prés l'Horloge du Palais, à l'Image
S. Iacques, deuant la Chaire de fer.

M. DC. XV.

Auec Priuilege & Approbation.

junio, Fiesta de San Pedro y San Pablo Apóstoles, pero en este caso la relación con la Luna no está clara, y mucho menos con la licantropía.

El contagio de la licantropía por un mordisco de un ser infectado es una mera invención literaria y narrativa relativamente reciente y poco fundada.

El licántropo es conocido también como hombre lobo, término popular que a su vez deriva de la traducción de latín vulgar *uomo lupo,* es decir, *lupus hominarius.*

El mismo significado de *lupus hominarius* ha sido adoptado por los anglosajones, ya que el término *werewolf* deriva de *were,* que antiguamente tenía origen en *vir* y significaba 'hombre', y *wolf,* 'lobo'; por los hispanos con el término de hombre lobo, y por los franceses con el término *loup-garou,* con una particular interpretación en la Bretaña, donde se conoce con el nombre de *bisclavet.*

En la literatura médica oficial, la licantropía tiene su origen en un síndrome peculiar de psiquiatría perteneciente a la rama de las teriantropías, psicopatías extrañas que obligan a quienes las sufren a creerse un animal durante una especie de delirio melancólico.

El enfermo a menudo acompaña sus crisis más agudas con aullidos y comportamientos salvajes precisamente por efecto de la Luna llena.

Ya Galeno en su *Ars medica* describió detalladamente el comportamiento y la cura de este mal, y Gervasio de Tillbury, político y escritor de 1155, parece ser que fue el primero, en su *Liber Facetiarium,* en asociar la transformación licantrópica a las fases lunares. Entre los informes sobre licantropía, está el célebre caso del caníbal en serie alemán Peter Stubbe, que pasó a la historia como El Hombre Lobo de Bedburg, que en 1589 confesó haber recibido el regalo del diablo de tener la posibilidad de transformarse en lobo y así realizar los atroces delitos.

El mito del ser humano que se transforma en lobo es muy antiguo y está presente en muchas culturas

En la épica vikinga, en la *Saga de los volsungos*, por ejemplo, están presentes los hombres lobo

El mito del ser humano que se transforma en lobo es muy antiguo y está presente en muchas culturas, se remonta incluso a la Edad del Bronce, cuando las poblaciones nómadas de indoarios entraron en contacto con las poblaciones sedentarias euro-

Xilografía medieval del *Guillermo de Palermo*, poema francés del siglo XIII. Episodio en el que la reina de España hace raptar a su hijastro por un licántropo para favorecer a su hijo en la subida al trono.

En la épica vikinga, en la *Saga de los volsungos*, por ejemplo, están presentes los hombres lobo.

Aunque las transformaciones de los hombres en lobos como castigo de los dioses no son raras, la figura del hombre lobo como la entendemos hoy en día aparece por primera vez en la literatura en el *Satiricón* de Petronio, donde se le llama *versipellis*, porque entonces se pensaba que los pelos crecían en el interior de la piel, que al girar completaba la transformación.

El médico francés Jean de Nynauld, en su tratado *De Lycanthropie, Transformation et Extase des Sorciers*, de 1615, menciona la receta de un ungüento a base de mandrágora que las brujas usaban para transformarse en animales.

Este legendario y rico corpus tuvo un aumento considerable durante el Medievo para después convertirse en un raro caso clínico que afectaba particularmente a los lunáticos, volviendo a estar de moda en el siglo XIX.

El ocultista y experto en demonios Jacques Collin de Plancy (1793-1887) describe en detalle un presunto caso de licantropía.

El juez y experto en demonios francés del siglo XVII, Pierre Delancre, hace la siguiente descripción de la ferocidad de los hombres lobo: «Degüellan a los perros y los niños, y los devoran con un apetito excelente; caminando a cuatro patas; aullando como verdaderos [lobos]; tienen una boca grande, ojos de fuego y colmillos afilados».

peas llevando consigo un bagaje de creencias, veneraciones lunares y animales totémicos que se fundieron con los variados folclores, creando leyendas que se centraron precisamente en los seres de estirpe lupina.

La figura del hombre lobo está presente en muchas culturas. En Rusia se llama *oboroten*; en Polonia, *wilkolak*; en Bulgaria, *vulkolak*, y en Rumanía, *varcolac*.

En España se consignaron algunos casos de licantropía en el siglo XVI y en el siglo XIX saltó a la fama el hombre lobo Manuel Blanco Romasanta.

En España hubo casos de licantropía en el siglo XVI y en el siglo XIX saltó a la fama el hombre lobo Manuel Blanco Romasanta

También el folclore italiano está lleno de presencias del hombre lobo, que tienen nombres distintos dependiendo de la región. Así, en Calabria se llama *lupu pampanu* o *marcalupu* y en Irpinia se conoce como *lupenari*.

A su vez, *Lupom'n* es el nombre que se emplea en Puglia para el licántropo, mientras que en Porticello se utiliza el término *malaluna*; en Cúneo, el de *luv ravas*, y en los valles Valdenses, el de *loup ravat*.

Se han encontrado algunas fórmulas para transformarse en hombre lobo. En el incunable del siglo XV del Abad Filipponio aparece una receta con grasa de lobo y plantas psicotrópicas, entre las que figura la belladona, el opio y el beleño, mezcladas con asafétida y azafrán. Otra posibilidad es beber agua

Hombre lobo en una ilustración medieval: en ella la transformación no es completa y el licántropo mantiene apariencia humana en el cuerpo.

licantrópica recogida en las huellas, obligatoriamente con cinco garras, dejadas por el hombre lobo.

El licántropo es un ser sobrenatural invencible, contra el que la única defensa es una espada o una bala de plata, mejor si ha sido fundida de un crucifijo bendecido; también sirve el fuego cuando está en forma humana. Lo más práctico es evitarlos esparciendo azufre en la entrada de casa para alejarlo, o incluso persuadirlo y sanarlo ayudándose de las creencias populares. Así, por ejemplo, en Sicilia el *lopomanare* es incapaz de subir escaleras y para curarlo es necesario golpearlo en la cabeza para hacer salir toda «la sangre enferma»; en Abruzo se puede detener la transformación mojándolo con agua pura, mientras que dormir al aire libre un miércoles de Luna llena facilita la mutación.

Según las creencias populares, el acónito, llamado en los páramos anglosajones *wolfbane*, le resulta al licántropo especialmente desagradable, por lo que se puede utilizar como una potente hierba de protección.

¿Por qué se duerme mal cuando hay Luna llena?

Muchas personas se lamentan de un sueño agitado y ligero en las noches que coinciden con el plenilunio. Además del ritmo circadiano, los científicos han estudiado un ritmo circalunar relacionado con la herencia del pasado, cuando los comportamientos de nuestros antepasados estaban regulados por la Luna. Este ritmo está determinado por la fotoperiodicidad y regula el funcionamiento fisiológico, y por tanto etológico, de un organismo al alternarse el período luz-oscuridad que comprende no solo el día y la noche, sino también las estaciones, sobre todo en las especies migratorias y las que tienen como característica el letargo. El ritmo circalunar influye en los animales y también en el hombre. Los primeros seres humanos necesitaban un sueño más ligero, inducido precisamente por la Luna llena, porque la claridad los exponía más al riesgo de ser atacados por los predadores.

Nuestros primitivos fotorreceptores, activados para la protección y por tanto la conservación de la especie, durante las horas de oscuridad nos hacen reaccionar con un sueño ligero causado por el estímulo luminoso de la Luna llena, momento en el que la presa es más visible. Aunque la llegada de la energía eléctrica ha alterado nuestros instintos primordiales, el ritmo circalunar permanece arraigado en nosotros con la misma fuerza.

PARTE TERCERA

EL CULTO DE LA LUNA

DIVINIDADES Y RITUALES

a Luna, venerada en todo el mundo desde la noche de los tiempos, ha asumido en las distintas culturas y religiones una forma sagrada, representada como divinidad que parece tener en todas partes características comunes, sobre todo las que están ligadas al transcurso del tiempo y a su medida, a la renovación cíclica, a la protección materna, al estrecho vínculo con el agua y con los ciclos de la vida.

La Luna siempre ha ejercido, además, el papel de la guardiana celeste con su mirada benévola dirigida a las criaturas terrestres.

Aun predominando la asociación de la Luna con las figuras femeninas y, por tanto, con una divinidad mujer, no son raros los casos en los que una figura masculina encarna el papel de dios asociado al astro nocturno por excelencia.

Fuente de Diana de Éfeso o Madre Naturaleza en la Villa d'Este, Tívoli.

DIVINIDADES LUNARES FEMENINAS

La diosa de la Luna es una divinidad importante en muchas culturas, que desempeña un papel central en la mitología, aunque a veces sea como reflejo (literalmente) respecto de una divinidad masculina normalmente asociada al Sol. La Luna es por antonomasia cercana a lo divino femenino en todas sus manifestaciones, y la periodicidad de los ciclos femeninos solo puede —aun intuitivamente— estar ligada de alguna manera a la repetitividad de las fases lunares.

A menudo las diosas lunares han sido comparadas también con el proceso de crecimiento y de envejecimiento de las mujeres en el transcurso de su existencia: la joven virgen, la madre cariñosa y la anciana sabia.

Las encarnaciones de la Luna tienen, además, un valor teúrgico y mágico y son protectoras de las mieses, de las aguas y de los animales.

Aunque en algunas culturas la Luna está representada por un dios masculino, el aspecto femenino que se le da al astro nocturno deriva de nuestro legado cultural clásico y del arquetipo de fertilidad que se le atribuye.

La Luna romana se encuentra también representada como *diva triformis,* junto con Hécate y Proserpina, esposa de Hades

Luna

Es una divinidad romana y la personificación del astro nocturno. Se encuentra también representada como *diva triformis,* junto con Hécate y Proserpina, esposa de Hades.

Selene representada en un clípeo de un sarcófago romano. Columbario portuense, principios del siglo III d. C. (Museo Nacional de Roma).

Se trata de una divinidad de vital importancia para la agricultura y se representa como una Luna creciente sobre una biga tirada por una pareja de bueyes o de vacas.

Los romanos datan el inicio del culto a la diosa en la época de los siete reyes.

Selene

Selene es hija de Hiperión y Tea, diosa de la luz, y en la Antigua Grecia, hermana del dios Sol, Helios, y de Eos, diosa del amanecer.

A Selene se la representa como una bellísima joven con la tez pálida, ropa de color plateado y una larga melena negro azabache. A veces lleva el carro lunar tirado por uros blancos, regalo hecho por Pan para hacerse perdonar por haberla seducido utilizando el engaño, después de haberse disfrazado de oveja. El carro, como en muchas mitologías mundiales, persigue al Sol.

A Selene se le atribuye, además, una relación con un mortal, Endimión, un hermoso joven de Élide. Según Plinio el Viejo, el pastor Endimión fue el primer hombre en observar con detenimiento las fases lunares, fuente simbólica del propio amor.

Artume, Losna y Tiv

Artume es la diosa etrusca de la Luna, de la noche y de la muerte, y está considerada también la protectora de la naturaleza y de la fertilidad. De su nombre deriva el de Artemisa. En la mitología etrusca está presente también Losna, la Resplandeciente, otra diosa lunar asociada con el mar y las mareas, de la que deriva la diosa romana Lucina, que tiene los mismos rasgos. En el panteón etrusco, la diosa de la Luna nueva era Tiv.

Lucina (Juno)

Lucina es el calificativo lunar de Juno y es una diosa romana potente y misericordiosa considerada también la protectora del parto y del trabajo femenino. Los antiguos habitantes de Roma construyeron sobre la colina del Esquilino un templo en su honor, frecuentado por las devotas y al que iban en peregrinación quienes deseaban un hijo o estaban a punto de tener uno.

Artume es la diosa etrusca de la Luna

Xilografía que representa el carro de la Luna (1681).

Artemisa

Artemisa es una de las divinidades más importantes entre las que pueblan el nutrido panteón griego y se identifica con la Luna creciente. Corresponde a la romana Diana. Hija de Zeus y Latona, y hermana gemela de Apolo (asociado al culto del Sol), Artemisa es la patrona de la caza, de las aguas, de los animales salvajes, del tiro con arco, del bosque y de los campos cultivados. Es también la diosa de las iniciaciones femeninas, protectora de la virginidad y de la modestia.

Los lugares en los que se le rendía culto se encontraban en su isla natal, Delos; después en Éfeso, en Muniquia —en una colina cercana al Pireo—, en Esparta y en Brauronion.

En Arcadia, los templos dedicados a la diosa eran numerosos, erigidos siempre

Los templos dedicados a Artemisa se erigían cerca de cursos de agua, lo que evidencia la relación entre la Luna y el vital líquido

cerca de los cursos de agua, lo que pone en evidencia la relación entre la Luna y el vital líquido.

Su culto estuvo muy presente también en Cerdeña y en el sur de Italia. Artemisa fue venerada también con el apelativo de Trivia, ya que personifica una de las tres formas co-

rrespondientes a las tres fases lunares: sobre la Tierra (Selene representaba la Luna en el cielo y Hécate en los infiernos).

A la diosa se consagran el ciervo, la codorniz, el gamo, la liebre, el perro, el oso, y entre las plantas, el laurel y el ciprés. Su arco representa la Luna creciente.

Artemisa personifica a la Luna en la Tierra, Selene la representa en el cielo, y Hécate en los infiernos

Triple diosa, protectora
de la fertilidad y del
poder femenino.
Terracota egipcia del
siglo II d. C.

Diana

Diana es el correspondiente romano de la diosa griega Artemisa. Como su homóloga griega, es custodia de las aguas y de la agricultura, señora de los bosques, de las fieras y de la caza, protectora de las mujeres, del tiro con arco y de la virginidad. También en esta manifestación latina Diana es gemela de Apolo o Febo y es hija de Júpiter y Latona.

El principal templo dedicado a este numen se encontraba cerca del lago de Nemi, en los montes albanos, pero también había otros en suelo italiano, como en Tusculum, en Ariccia y en Tívoli. En la provincia de Hispania destacan, por ejemplo, los de Mérida, Segóbriga y Évora.

A Diana se la representa con atributos similares a los de Artemisa y con la media Luna adornándole la cabeza, lo que se convirtió después en símbolo de las brujas.

Diana fue designada por las moiras, las tejedoras del destino, también patrona de los partos.

Dado que era invocada por las mujeres en la recolección de las hierbas silvestres, sobre todo el 6 de enero, el catolicismo sustituyó la figura pagana por la Epifanía.

Diana ama la noche y encarna una de las formas de la triple Hécate, la diosa de la magia adorada en los ritos mistéricos, honorada en Éfeso con bailes de mujeres pálidas que personifican los espectros de la Tierra. Suele aparecer por la noche junto con un grupo de sus seguidores, almas inquietas sin sepultura o víctimas de muerte anticipada que buscan la paz, y seguida de animales telúricos.

El culto nocturno de Diana-Hécate contrasta con las entidades benéficas de la luz, derrocadas y sustituidas por divinidades cristianas.

Gran diosa (triple diosa)

La gran diosa del paganismo wicca tiene una estrecha relación con la Luna y representa el poder femenino. Se ve como diosa triple en sus aspectos de muchacha (representada por la Luna creciente), madre (identificada con la Luna llena) y anciana (en su sabio declive de Luna decreciente). En ella reside el recíproco principio de la vida en la muerte y de la muerte en la vida.

Considerada triple diosa, como la Luna, se vinculan también a ella el ciclo menstrual y la rueda de la vida.

Considerada triple diosa, como la Luna, se vinculan a ella el ciclo menstrual y la rueda de la vida

**Estatuilla votiva
de la diosa
egipcia Bastet
(664-630 a. C.).**

Isis

Isis es la hija de la diosa del cielo Nut y del dios de la Tierra Geb. Estaba considerada por los egipcios como una gran diosa madre relacionada con la Luna. Como diosa de la fertilidad se decía que había enseñado la práctica de la agricultura a las mujeres del valle del Nilo.

Isis fue una de las divinidades más célebres de la cuenca del Mediterráneo. La veneración de esta diosa, símbolo de esposa, madre y protectora de los navegantes, se difundió por el mundo helénico hasta llegar a Roma. El hermano y esposo de Isis es Osiris, dios de las aguas del Nilo y de la vegetación que emerge de la benéfica inundación de sus orillas. Isis es, además de la fértil deidad lunar, diosa de la magia y de la sanación.

Como otras divinidades del panteón egipcio, porta entre los cuernos un disco que simboliza el Sol y la Luna.

Bastet

Bastet era una diosa felina del Antiguo Egipto similar a Sejmet, originariamente asociada al culto del Sol. Era adorada por su potencia, fuerza, belleza y agilidad. Con el tiempo se fue vinculando más a cultos lunares y a los gatos, y cuando la influencia greco-helenística se extendió por Egipto, Bastet se convirtió en una diosa gata lunar solamente, superpuesta a la figura de Artemisa. Se la consideraba protectora

del faraón y se le hacían estatuillas en alabastro, hasta tal punto que parece que el nombre del material derive precisamente de Bastet. A menudo esas figuras resultaban ser recipientes para ungüentos a base de esencias; por eso era denominada también la Diosa Perfumada.

Tanit (o Isis Mirionima)

Tanit era una diosa cartaginense, esposa de Baal, que se asociaba a la Luna, al amor, a la fertilidad y a las mieses. Su símbolo era una pirámide truncada con una barra rectangular en la parte superior, con el Sol y la Luna creciente grabados. Este símbolo se puede encontrar en la mayor parte de las estelas de las necrópolis púnicas. Entre los apelativos divinos, la Gran Madre Tanit tenía el de Mirionima, es decir, 'diosa de los mil nombres', que legó a Juno Caelestis, su forma helenístico-romana.

Lasya

Lasya encarna a la diosa de la Luna y de la belleza del panteón budista tibetano. En su iconografía típica sujeta un espejo, símbolo de la Luna y de la belleza.

Lasya encarna a la diosa de la Luna y de la belleza del panteón budista tibetano

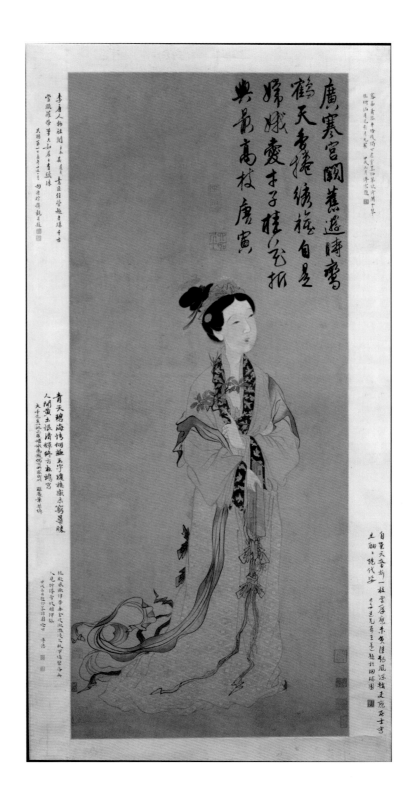

Diosa de la Luna Chang'e, de autor anónimo sobre un original de Tang Yin (1470-1524).

Étaín

Étaín, que significa 'la resplandeciente', es una diosa céltica de la Luna, la segunda mujer de Midir, el rey de los infiernos. La primera mujer, Fúamnach, estaba celosa de Étaín y la transformó en mosca. Así, Étaín se ahogó al caer en un vaso de vino. Milagrosamente volvió a la vida y se casó con Eochaid, un dios de la fertilidad. Midir retó a Eochaid a una partida de ajedrez; el resultado fue que Étaín debía pasar mitad de año bajo tierra y la otra mitad en la superficie, un mito que evoca al de Perséfone.

Étaín es símbolo de la fertilidad, la vitalidad y la vida de todas las cosas en fase de crecimiento. Una diosa que está familiarizada con la vida y la muerte y enseña que en cualquier lado donde nos encontremos, en la Tierra o en la profundidad de los infiernos, también nosotros podemos brillar como la Luna.

Arianrhod

Arianrhod es como Étaín, otra diosa celtica de la Luna, pero es asimismo la diosa de las estrellas, del cielo y de la rueda del año. Su nombre significa 'rueda plateada'. También es conocida con otros nombres, como Margawse o Morgause, y con otros que la representan como diosa del parto, de la justicia, de la magia y de la noche. Su símbolo es una rueda de plata en movimiento.

Áine

Áine en irlandés significa 'brillante' y es el nombre de la diosa de la Luna que hace resplandecer la noche.

Áine tiene un fuerte vínculo con la Tierra y su bendición asegura campos fértiles. Suerte, amor y salud son otros dones que aporta esta deidad.

Áine protege la Tierra y a sus habitantes con su manto de plata. Se la veneraba en la noche del solsticio de verano con antorchas encendidas en su honor.

Chang'e

Chang'e, mujer del arquero Yi, es identificada como la diosa china de la Luna. La leyenda dice que en un pasado muy lejano había diez soles que habían quemado la Tierra, poniendo en dificultades al pueblo. El arquero Yi abatió nueve, dejando solamente un Sol, por lo que recibió el elixir de la inmortalidad como recompensa.

Áine tiene un fuerte vínculo con la Tierra y su bendición asegura campos fértiles

La diosa azteca Coyolxauhqui desmembrada y decapitada (Templo Mayor de Ciudad de México).

Pero Yi no quiso ingerir el elixir y dejó que Chang'e lo guardase: no quería obtener la inmortalidad sin su amada mujer.

Sin embargo, cuando Yi estaba cazando, su aprendiz Fengmeng irrumpió en su casa y trató de obligar a Chang'e a darle el elixir. Ella lo rechazó y para impedir que lo cogiera se lo bebió. Inmediatamente levitó hacia la Luna y construyó allí un palacio. Yi descubrió lo que había sucedido y fue acogido por el Sol, y ofreció frutos y dulces a la mujer. Una vez al mes, durante la Luna llena, el arquero Yi va a encontrarse con su mujer.

Durante la fiesta de la Luna los chinos hacen ofrendas al aire libre en honor a la diosa.

Coyolxauhqui

Coyolxauhqui, cuyo nombre significa 'adornada de cascabeles de oro', es la diosa de la Luna según la mitología azteca.

Coyolxauhqui es la diosa de la Luna según la mitología azteca

Hija de Coatlicue, diosa de la Tierra, y hermana del dios Sol, Huitzilopochtli, Coyolxauhqui alentó a sus cuatrocientos hermanos y hermanas a matar a su madre, que se había quedado embarazada de una pluma dorada. Cuando estaba muriendo, Coatlicue dio a luz a Huitzilopochtli, ya adulto, que cortó la cabeza de Coyolxauhqui y la lanzó al cielo para que se formase la Luna.

En 1978, en el Templo Mayor de Tenochtitlán se descubrió un monolito que representa a Coyolxauhqui desmembrada y decapitada.

Ixchel

Ixchel, la Señora del Arcoíris, es la antigua diosa de la Luna en la mitología maya. Los mayas asociaron acontecimientos humanos a las fases lunares. Ixchel se representaba como una mujer anciana que llevaba puesta una falda con huesos cruzados y tenía en la mano una serpiente, su asistente celeste que tenía todas las aguas del cielo en su vientre.

Se la suele representar mientras transporta un gran cántaro lleno de agua que vierte para enviar aluviones y potentes tempestades sobre la Tierra.

Su marido era el dios Itzamná, gobernador de los dioses, dios del cielo, del maíz, de la escritura, de las aguas y de los rayos.

Ixchel tenía además un lado más amable como protectora de los tejedores y de las mujeres durante el parto.

Ixchel es la antigua diosa de la Luna en la mitología maya

Grabado del cremonés Gallo Gallina que refleja el terror de la población peruana ante un eclipse de Luna. Imagen de *Los trajes antiguos y modernos*, de Giulio Ferrario, 1827 (Biblioteca da Ajuda, Lisboa).

Mama Quilla

Mama Quilla es la diosa de la Luna inca, protectora de las mujeres y de las viudas. Se la representa como un disco de oro con cara femenina.

Era la hermana y esposa de Inti, el dios del Sol, y está considerada madre del firmamento. Durante las celebraciones rituales, los incas imaginaban que una serpiente o un puma intentaban devorar la Luna. Por este motivo, el animal tenía que ser ahuyentado con gritos y estruendos.

Auilix

Según el *Popol Vuh*, recolección de mitos y leyendas mayas, Auilix, diosa de la noche y de la Luna, es una de las tres divinidades, junto con Tohil (dios del Sol, del fuego y de la lluvia) y Hacauitz (divinidad de las montañas), adoradas por los primeros hombres.

Mama Quilla es la diosa de la Luna inca, protectora de las mujeres y de las viudas

Huitaca (Xubchasgagua)

Huitaca, también llamada Xubchasgagua, es la diosa de la Luna, de la magia, de las artes, de la liberación sexual, de la danza y de la música de los muisca precolombinos. Era una divinidad de extraordinaria belleza, ca-

paz de liberar felicidad y vitalidad y abando-
narse a la embriaguez y al placer. Se reveló
contra Bochina, señor del altiplano de los
Andes colombianos durante la llegada de
los conquistadores, al que cuentan que
transformó en una lechuza.

Huitaca es la diosa muisca de
la Luna, de la magia, de las
artes, de la liberación sexual,
de la danza y de la música

Estsanatlehi o Asdzaa Nadleeh (Ahsonnutli)

Es conocida también como Ahsonnutli. En la historia de la creación de los nativos navajos americanos, es la diosa de la Luna y del tiempo. Fue modelada por su hermana Yolkai, diosa del cielo, para lo que usó una concha de abulón.

Esta divinidad lunar también se llama 'Mujer que se Renueva' porque cambia de vestimenta cuatro veces al año, cuando atraviesa las cuatro puertas de su casa celeste para crear las estaciones.

Nace con las flores de la primavera, madura con el verano, envejece con el otoño y reposa con el invierno. De esta manera, la 'Mujer que se Renueva' representa todas las fases de la existencia femenina, pero en particular el momento cuando la muchacha se convierte en mujer, una transición y un rito de pasaje que son considerados benéficos

> Según los pawnee, la diosa Pah, cohabitando con el dios del Sol, Sakuru, creó la humanidad

para el clan, y por ello se celebran con festejos que integran a la comunidad.

Gracias a Estsanatlehi la naturaleza tuvo sus ciclos lunares, la mujer recibió la fertilidad y los seres humanos alcanzaron el tesoro del conocimiento, el don de la sabiduría y el deseo de investigar y de progresar. Por este motivo, la diosa es honrada con cantos y celebraciones en las festividades divinas.

La diosa también enseñó a los navajos cómo construir los *hogan*, sus cabañas de techo redondeado. Estas casas primitivas hechas de madera entrecruzada y barro —a veces también usadas como lugar de culto— tenían una forma semiesférica con una sola apertura para la entrada y un orificio circular en la techumbre para dejar salir el humo.

Pah

En la mitología de los pawnee, los nativos que poblaban la actual Nebraska, Pah es la diosa de la Luna.

Según esta cultura, Pah, hija de la estrella de la mañana y de la estrella roja, quizás Marte, cohabitando con el dios del Sol, Sakuru, creó la humanidad.

Cementerio sioux en un grabado de principios del siglo XX. Para muchas civilizaciones nativas americanas, la Luna, en cuanto Sol nocturno, está asociada al más allá y en general al mundo de ultratumba.

Hanwi

Para los sioux, Hanwi significa 'Sol nocturno'. Es la diosa que representa la Luna y protege de los espíritus malignos de la noche. El dios del Sol, Wi, su consorte, fue muy poco delicado con ella, y por este motivo la Luna se quiere esconder.

Hanwi representa a la mujer en sus tres edades: joven, madura y anciana. Tradicionalmente, hay una conexión entre los ciclos menstruales de las mujeres y el lunar. Que una mujer que menstruaba montara a caballo era considerado un acto muy sagrado de purificación interior.

Jaci

Jaci es la protectora de los animales en la mitología brasileña guaraní, y es también la diosa de la Luna.

Está considerada la protectora de los amantes, de la fertilidad, de la noche y de las plantas.

Hanwi representa a la mujer en sus tres edades: joven, madura y anciana

Es la gemela del dios del Sol, Guaraci, y mujer de Tupa, dios del trueno. A causa de la influencia lunar en las aguas, se la suele representar como sirena.

Ilargi

En la mitología del País Vasco, la diosa Ilargi personaliza la Luna. Es la hija de la madre Tierra, a la que vuelve durante el día. Se trata de otro mito similar al de Proserpina.

La diosa Ilargi es hija de la madre Tierra, a la que vuelve durante el día

Bulan (Mayari)

La diosa lunar Bulan, en la mitología tagala del archipiélago filipino, es hija de una mortal y del señor de los dioses, Bathala. Se trata de una diosa virgen de extraordinaria belleza, de un solo ojo, conocida también con el nombre de Mayari. Es también la divinidad de la guerra, de las armas, de la caza, de la revolución, de la belleza y de la noche.

Dae-Soon

Dae-Soon forma parte del panteón de la mitología coreana. Es la diosa acuática de la Luna y está representada con una cola de serpiente que lleva un disco sobre su cabeza, símbolo del astro nocturno.

Lona

En la mitología hawaiana, Lona es la diosa de la Luna, que se enamoró perdidamente de un mortal llamado Aikanaka, se casaron y vivieron felices.

Dae-Soon es la diosa acuática de la Luna en la mitología coreana

Kuu

Kuu es la diosa de la Luna en la mitología finlandesa.

Según el *Kalevala*, célebre poema épico finés escrito por Elias Lönnrot en el año 1835 sobre la base de poemas y cantos populares tradicionales en dialecto carelio, la hija del aire, Ilmatar, permitió a una cerceta poner un huevo sobre su rodilla mientras flotaba en el abismo. Pero el huevo se cayó y se rompió, y sus trozos formaron el universo. La clara del huevo se convirtió en la blanca Luna y la yema, en el amarillo Sol.

Dewi Ratih

Dewi Ratih es la diosa de la Luna que se venera en Indonesia, sobre todo en las islas de Bali y Java. Es considerada la diosa de la belleza y de la gracia.

Silewe Nazarate

Silewe Nazarate es la diosa de la Luna de la isla indonesia de Nias. Es el símbolo de la vida en el universo.

Se compara con Hera, de la mitología griega, como su marido Lowalangi se compara con el potente Zeus.

Los nombres de la Luna en las tradiciones de los nativos americanos

Las tribus algonquinas inventaron numerosos nombres para la Luna llena, que fueron adoptados después, con variantes, por las demás tribus. La mayor parte de la población cazaba y pescaba para alimentarse, pero algunos eran recolectores. Son, por tanto, nombres vinculados a la naturaleza y a las estaciones, a la caza, a la pesca y a la agricultura. El pueblo algonquino vivía en el área septentrional y oriental del norte de América. Cuando los colonos de Europa se encontraron con ellos, adoptaron los nombres que le habían dado a la Luna llena en los distintos meses del año.

- Enero: Luna del lobo. Manadas de lobos hambrientos aúllan por la noche.
- Febrero: Luna de nieve. Se dan las nevadas más intensas.
- Marzo: Luna de los gusanos. Al principio de la primavera empiezan a aparecer las primeras lombrices (y los petirrojos que se las comen).
- Abril: Luna rosa. Una planta llamada musgo rosa (*Phlox subulata*) inicia su floración.
- Mayo: Luna de flor. Muchos tipos de flores brotan en este mes.
- Junio: Luna de fresa. Las fresas están listas para ser recogidas y comidas.
- Julio: Luna del ciervo. Se empiezan a formar los nuevos cuernos aterciopelados de los ciervos.
- Agosto: Luna del esturión. Se pescan esturiones en los grandes lagos.
- Septiembre: Luna de la cosecha. Los agricultores pueden continuar recogiendo hasta el ocaso gracias a la luz de la Luna.
- Octubre: Luna del cazador. Se cazan las presas al claro de la Luna, es la ocasión para acumular comida para el invierno.
- Noviembre: Luna del castor. Es el momento de poner trampas para castores antes de que se congelen los pantanos, asegurando el suministro de cálidas pieles para el invierno.
- Diciembre: Luna del frío. Empieza el frío invernal.

Tienda de nativos americanos en California.

El volcán Tongarino del valle de Waihohonu en la isla norte de Nueva Zelanda. Ilustración de *The Graphic,* volumen XXIX, n.º 756, del 24 de mayo 1884. Grabado policromado digitalmente.

Hina

Hina, diosa lunar venerada por los maoríes en Nueva Zelanda, se considera la hermana mayor o la mujer de Maui.

La leyenda más común que presenta a Hina como mujer de Maui cuenta que Te Tunaroa, el padre de todas las anguilas, visitó un día la laguna donde Hina se solía bañar. La anguila se atrevió a restregarse contra el cuerpo de ella. Cuando Maui supo lo que había pasado, cortó a Te Tunaroa en trozos: la cola acabó en el mar y se convirtió en un congrio, mientras el otro extremo fue a parar a los pantanos para convertirse en anguilas de agua dulce. Los trozos más pequeños se transformaron en lampreas.

Las nueces de coco son sagradas para Hina, que las aprecia especialmente como ofrenda si están cortadas por la mitad como ofrenda.

> Hina es la diosa lunar venerada por los maoríes en Nueva Zelanda, se considera la hermana mayor o la mujer de Maui

Rona

Rona es para los maoríes la hija del dios del mar, Tangaroa, y controla las mareas. Una noche estaba transportando un cubo con agua a casa de sus hijos cuando el sendero se

volvió oscuro. La Luna se había deslizado
detrás de las nubes y era imposible ver algo.
Mientras Rona caminaba, se golpeó el pie
con una raíz que salía del suelo y maldijo a
la Luna.

Rona es para los maoríes la
hija del dios del mar Tangaroa,
y controla las mareas

La Luna entonces maldijo al pueblo maorí, cogió a Rona y su cubo de agua y se la llevó al cielo. Muchas personas ven a una mujer con un cubo en la Luna. Se dice que cuando Rona vierte su cubo, llueve. Esta historia maorí simboliza la influencia de la Luna sobre la lluvia y sobre las aguas de la Tierra, y en particular sobre las mareas.

Erzulie (Oshun)

Originaria del África occidental, donde se la denominaba Oshun, Erzulie es la diosa de la Luna venerada en Haití y forma parte del panteón vudú. Su color es el azul. Está vinculada al ciclo vital femenino y a las emociones, y es muy misericordiosa.

Gleti

Gleti es reverenciada por la civilización africana fon como diosa lunar. En la mitología del Reino de Dahomey, actual Benín, es la madre de todas las estrellas, y cuando su esposo, el Sol, se cruza con ella, se produce el eclipse.

Si se observa el reflejo de la Luna en la superficie de un lago, se ve a Jezanna, espíritu de la abundancia y la fertilidad

Jezanna

Jezanna es, en la cultura tradicional mashona de Zimbabue, la que se muestra durante la Luna de oro. Si se observa el reflejo de la Luna que brilla en la superficie de un lago, entonces se ve a Jezanna, espíritu de la abundancia y la fertilidad.

Tiene el poder de aumentar el ganado y las cosechas y de hacer nacer una prole numerosa a las mujeres que la invocan.

Su mito más famoso está ligado a su rechazo de los sacrificios humanos, mientras que su animal sagrado es la vaca.

Mah (Mohor o Maonghah)

Mah, que es conocida también con el apelativo de Mohor o Maonghah, es una divinidad femenina de la mitología persa y del zoroastrismo, cuyo culto data del siglo VI a. C., y fue venerada hasta el advenimiento del islam en el siglo VIII d. C.

Mah, término usado también para definir el periodo de un mes, representa la Luna, pero también es el nombre de un pez que sostiene la Tierra sobre su dorso, y simboliza la unión universal entre la Luna y el agua.

La diosa de la Luna, además de ser señora de la noche, en el zoroastrismo es una yazata, es decir, una entre los muchos servidores del creador Ahura Mazda, de quien recibió el encargo de proteger a los animales.

Relieve en terracota que
representa a la divinidad
babilónica Lilith, c. 1950 a. C.

Abajo, una inscripción que
muestra la tentación de Eva por
parte de la serpiente-mujer, una
de las manifestaciones de Lilith.

Lilith

Presente en antiguas religiones mesopotámicas y en la antigua religión hebrea, es la primera mujer repudiada por Adán.

Lilith tiene un valor negativo en la mitología. En astrología y en cartomancia se identifica con la Luna negra y representa, con la Tierra, uno de los dos focos de la elipse de la órbita lunar.

Aunque su presencia esotérica no corresponde a un cuerpo celeste tangible, la Luna negra es tratada astrológicamente como un planeta y es la encarnación de la Luna nueva.

Lilith representa los componentes más oscuros e inquietantes de la personalidad.

Sadarnuna y Sarpandit

Sadarnuna es la diosa sumeria de la Luna nueva, mientras Sarpandit representa a la diosa de la Luna embarazada: es la matrona de la salida del astro nocturno y de su reflejo en las aguas; su nombre significa 'plateada esplendorosa'.

La Luna negra es tratada astrológicamente como un planeta y es la encarnación de la Luna nueva

¿Diosa, mujer o demonio?

La figura de Lilith se ha interpretado de distintas formas. Presente en los mitos de la creación anteriores a los bíblicos, era un demonio vengador, pero también representación de la mujer que no se deja dominar por el hombre. En esta última óptica se ha revalorizado por los cultos neopaganos del siglo XX.

Los selenitas, misteriosos habitantes de la Luna

Luciano de Samosata, nacido en época del emperador Adriano, ha sido uno de los más famosos exponentes de la teoría segunda sofística, una corriente filosófica literaria griega que se desarrolló entre el final del siglo I y el IV d. C., en Asia Menor. Entre muchas obras satíricas, compuso *La historia verdadera,* considerada la primera obra de ciencia ficción. En el primer libro se narra la primera batalla galáctica de la literatura, entre los habitantes solares y los selenitas, señores de la Luna, guiados por Endimión.

Los seres lunares tienen costumbres extravagantes, no existe el género femenino, se reproducen de un modo extraño pariendo hijos de la pantorrilla, tienen coles en la parte del dorso, son calvos con barbas largas, se nutren de humo y hay una neta separación entre ricos y pobres. Toda la obra es una sátira ácida de la civilización de la época.

Desde los tiempos de Luciano, la literatura antes, y el cine y la televisión después, se han afanado en imaginar y describir a los misteriosos habitantes de nuestro satélite.

Una célebre representación de los selenitas en la gran pantalla ha sido la ofrecida por el pionero de la cinematografía George Méliès, que en su *Viaje a la luna* de 1902 describe la población de los habitantes del satélite terrestre y su rey, seres monstruosos y esqueléticos con las manos en forma de pata de cangrejo y la cara con un pico aguileño. Belicosos y hostiles, están armados de hachas y lanzas y obligan a los científicos que han llegado a la Luna a volver de forma precipitada a la Tierra a bordo de su astronave con forma de proyectil.

Ilustración de *Los primeros hombres en la Luna,* novela de Herbert George Wells publicada en 1901. El científico Cavor, descubridor de un material que vence la fuerza de la gravedad, consigue llegar a la Luna, pero es capturado por los selenitas, habitantes con forma de insecto que viven en galerías bajo la superficie del satélite.

En el libro, que alcanzó un gran éxito, se han basado numerosas películas. La más importante es *Viaje a la Luna,* de George Méliès, de 1902.

Estela de Melishpak I, c. 1186-1172 a. C., proveniente de Susa. El soberano casita aparece en el centro mientras presenta su hija a Nanna, sentado en el trono. En el cielo, la escena está dominada por el símbolo del dios lunar Sin, la estrella de la diosa Ishtar y el Sol del dios Shamash (Museo del Louvre, París).

DIVINIDADES LUNARES MASCULINAS

A pesar de que la Luna en nuestro imaginario sea considerada femenina, en muchas culturas su figura está asociada a una representación masculina y, en contraposición, a menudo es el Sol el que asume el papel de esfera femenina.

Sin (Nanna o Suen)

Sin, o Divina Media Luna, es el dios lunar de la civilización babilónica. Los centros dedicados a su culto eran Ur, donde se alza un zigurat consagrado a él, y Carre. En Mesopotamia hay muchos templos dedicados a él, y era adorado en toda la región del monte Sinaí, que toma su nombre de esta divinidad lunar.

Sin es el primer dios de la triada astral. Tiene por segunda y tercera divinidad a Shamash y a Ishtar, y es también el antiguo dios protector de los pastores.

Sin protege los ciclos lunares y las actividades asociadas a ellos.

Su nombre sumerio es Nanna y el asirio, Suen. En los sellos cilíndricos, Sin está representado como un viejo con barba y el símbolo de la media Luna.

En otras representaciones cabalga sobre un toro alado y con barba de lapislázuli. El número asociado al dios es el 30, que corresponde *grosso modo* a los días de una lunación.

Men

Men es el antiguo dios lunar de la península de Anatolia. Llamado también El Gran Medidor, es considerado el custodio de los meses. La etimología del nombre deriva de la raíz indoaria *me*, que significa 'luna', pero también 'medir'. Asimismo, fue venerado como divinidad de la ultratumba, y a menudo ha sido representado con dos cuernos de media Luna sobre los hombros y un gorro frigio. En ocasiones se le ve cabalgando sobre panteras, leones, gallos, toros y carneros.

Sus atributos son un cetro, una copa o una piña. El nombre sugiere un origen común con Mah, divinidad lunar del zoroastrismo.

En muchas culturas la figura de la Luna está asociada a una representación masculina

El dios egipcio Thot, con cabeza de ibis, de los templos de Filé, en los alrededores de la presa de Asuán. Después de la construcción del embalse del lago Nasser, en 1977 el complejo monumental, que data del siglo II a. C., fue desmontado y vuelto a erigir en la isla de Agilkia, a poca distancia de su emplazamiento original (Museo Metropolitano de Arte de Nueva York).

Napir

Napir forma parte del panteón de la religión elamita, que floreció a partir del siglo XIII a. C. en la zona del actual Irán. Está considerado el dios de la Luna. Su nombre significa 'divinidad resplandeciente'.

Kunne Chup

Kunne Chup es el dios lunar venerado por los ainus, compañero de la diosa del Sol Chop Camus. Su nombre significa 'sombra-sol' y normalmente se refleja en la noche sobre los lagos helados de Hokkaidō.

Hay también una leyenda ainu que imagina en la Luna una figura humana, un portador de agua negligente que como castigo fue exiliado al astro nocturno. Según otro cuento popular, la figura es una muchacha con su perro.

Thot era el dios de la Luna, del tiempo, de la sabiduría, de la magia y de las matemáticas, y protector de los escribas

Thot

En la religión del Antiguo Egipto, Thot se representa con cabeza de ibis sagrado y más raramente con cabeza de babuino. A veces se identifica con Atón.

Es el dios de la Luna, del tiempo, de la sabiduría, de la magia y de las matemáticas, y protector de los escribas como inventor de la escritura.

Es considerado también dios de la justicia, del diseño y una especie de abogado defensor de los muertos, ya que forma parte activa del pesaje del alma que establecía quién podía acceder al más allá.

Ay Ata

Ay Ata es, en el tengrismo (o tangrianismo) y en la mitología turca, Padre Luna, que vive con su consorte solar Gun Ana en el sexto piso del cielo.

Para ganarse al dios, a aquellos que nacen durante la Luna llena se les da un nombre con el prefijo Ay.

Esta antigua religión politeísta, después de haber sido perseguida por el avance del islam, está viviendo un periodo de nuevo auge en muchas zonas de Asia Central.

Desde la izquierda, Agli-bol con la vestimenta de divinidad de la Luna, el dios Supremo Beelshamen y el dios solar Malakbel. Relieve proveniente de Bir Wereba, Wadi Miyah (Palmira), Siria, siglo I d. C. (Museo del Louvre, París).

Tsukuyomi (Tsuki-Yumi-no-Mikoto)

Tsukuyomi —cuyo nombre deriva de *tsuki*, que quiere decir 'Luna', 'mes', y *yomi*, significa 'contar'— es el dios de la Luna en el sintoísmo japonés. Nació del ojo izquierdo del ser primordial Izanagi, mientras que del ojo derecho nació la diosa del Sol, Amaterasu.

Tsukuyomi subió junto con su hermana la escalera que conduce al cielo. Una vez, Amaterasu envió al hermano, como representante suyo, a la diosa de la comida, Uke Mochi. Para celebrarlo, la diosa le ofreció una comida maravillosa creada de su boca y de su nariz. Pero Tsukuyomi se disgustó y la mató. Cuando Amaterasu se enteró del error cometido por su hermano, se enfadó tanto que no quiso verlo más. Desde entonces, hermano y hermana han vivido separados, alternándose en el cielo. De ahí la explicación de que el día siga siempre a la noche.

Otro nombre del dios lunar sintoísta es Tsuki-Yumi-no-Mikoto.

> Según el sintoísmo japonés, la Luna nació del ojo izquierdo del ser primordial Izanagi

Agli-bol

Agli-bol es una deidad lunar siria cuyo culto era particularmente seguido en la ciudad de Palmira. En algunos casos, aunque raramente, se lo consideraba como representación del dios Sol. Pero dada la frecuente iconografía

que lo representa con la media Luna sobre la espalda, resulta más verosímil su asociación con la Luna.

Agliblo se suele representar como un joven de buen aspecto o como un hombre adulto robusto.

Agli-bol es una deidad lunar siria cuyo culto era particularmente seguido en la ciudad de Palmira

Moderna representación
de Shiva con la media
Luna sobre la cabeza.

Meness (Dievaite)

En la mitología báltica, Meness está asociado a la Luna. Es el dios que con su renovación mensual reparte fuerza a las cosas que están creciendo. Esposo de la diosa del Sol, su naturaleza lunática le hace cambiar de idea y se acompaña con la estrella de la mañana, por lo que es castigado por el dios del trueno.

La Luna joven o nueva a veces es denominada Dievaite, que en lituano significa 'pequeño dios' o 'príncipe'. Este dios lunar es particularmente receptivo a las oraciones y es venerado por los ciudadanos.

La iconografía tradicional lo representa vestido de estrellas mientras arrastra un carro.

Jutrebog

Jutrebog, en la mitología eslava, representa al dios de la Luna que gobierna a los demonios, los hombres lobo y los vampiros, pero es también el Sol en todas sus fases. Se lo conoce con otros nombres, pero siempre con las mismas características.

El quinto día del mes lunar es tradición rendir culto o celebrar a Shiva

Yarij

Conocido también como Jerah, Jarah, Jorah o Yarjibol en fenicio, Yarij es el dios de la Luna en la religión cananea. Es el Iluminador de los Cielos, Iluminador de la Miríada de Estrellas y Señor de la Media Luna.

Yarij es quien baña el mundo con el rocío nocturno, y está casado con la diosa Nikkal, la Señora de los Huertos, que florecen gracias al rocío del esposo.

La localidad de Jericó, considerada la ciudad fortificada más antigua del mundo, se llama así en su honor.

Shiva (Chandrashekara)

La iconografía tradicional de Shiva representa a esta deidad con la cabeza del dios adornada con una media Luna creciente en el quinto día, símbolo de la bebida divina soma y de su potencia creadora. Por este motivo es costumbre venerar o festejar a Shiva el quinto día del mes lunar.

Uno de los muchos apelativos de este dios del panteón hindú es Chandrashekara, es decir, el Coronado por la Luna.

La Luna simboliza también la copa que contiene la soma, la bebida sacra.

Chandra (Saymya o Soma)

Chandra, que en sánscrito significa 'brillante', es llamado también Saymya, es decir, 'curandero y refrescante', y entre sus funciones están la de ayudar a las plantas a crecer y la de proteger a los amantes.

A menudo se lo representa como un joven que lleva el carro celeste de Brahma, tirado por antílopes.

> Chandra está representado como un joven que conduce el carro celeste de Brahma

En los puranas, Chandra es el dios de la Luna, mágicamente conectado a la planta soma recogida con el claro de Luna. Tanto es así que en los vedas se le llama Soma, como el néctar de los dioses. En los días de novilunio, el dios Soma baja a la Tierra para fecundar la vegetación y los animales con su semen, que representa la fuente de la inmortalidad y renacimiento del que se alimentan los dioses.

En la cosmología védica, la Luna y los *nakshatras* ('las estrellas') se encuentran por encima del Sol. Algunos creen que la Luna está habitada por un lebrato, motivo por el que las liebres son sagradas en Soma.

El carro de Chandra, el dios de la Luna. Acuarela del *Libro de los sueños,* 1700-1725, Rayastán (Museo de Arte del Condado de Los Ángeles).

Dundra (Alako)

Dundra es el dios lunar de los gitanos noruegos. Antiguamente, cuando vivían en la India, veneraban a un dios solar llamado Dundra, cuyo poder alcanzaba su máxima cota en el periodo de la Luna nueva. Según el mito, el dios mandó a la Tierra a su hijo, Dundra, en forma humana para enseñar a los hombres las leyes. Cuando acabó con su misión, Dundra subió a la Luna y cambió su nombre por Alako (del finoúgrio *alakuu,* 'Luna menguante'). Desde entonces es el protector de los gitanos y cuando uno de ellos muere, el dios acompaña a su alma hasta la Luna. La leyenda dice que un día Alako volverá a la Tierra y llevará a los gitanos a su patria de origen, la India.

Hubal y Wadd

Hubal es un ídolo que se veneraba en el mundo árabe en época preislámica. Su símbolo es la Luna y su aspecto, el de un viejo con arco y carcaj. En su honor se sacrificaban animales en el mes lunar de Rayab. Según los restos arqueológicos encontrados, parece ser que Wadd también era venerado como dios de la Luna.

Ganesha y la Luna

Ganesha, el dios de cabeza de elefante, después de un atracón de dulces, se montó sobre el ratón Mushika y se fue. Una serpiente que salió de forma repentina, asustó al ratón, que hizo caer a su caballero. El vientre de Ganesha se rompió haciendo que todos los dulces se esparcieran alrededor. Entonces el dios los recogió, y, para mantenerlos dentro de su cuerpo, usó a la serpiente como cinturón para envolver su vientre. Chandra, el dios-Luna, al ver esta escena rompió a reír y se burló de Ganesha, que se ofendió, cogió uno de sus propios colmillos y lo tiró contra la Luna partiéndola por la mitad. Ganesha lanzó también una maldición, deseando mala suerte permanente a quien hubiera mirado a la Luna. Chandra entonces pidió perdón y suplicó a Ganesha que retirara el anatema; por lo que cambió la diatriba decretando que solo aquellos que hubieran mirado la Luna durante el Vinayaka Chaturthi, o lo que es lo mismo en su cumpleaños, sería golpeado por la mala suerte. Desde entonces, periódicamente, la luz de la Luna se apaga, para después reaparecer poco a poco, permanecer entera por breve tiempo y volver a romperse hasta desaparecer nuevamente.

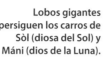

Lobos gigantes persiguen los carros de Sòl (diosa del Sol) y Màni (dios de la Luna).

Máni

En la mitología nórdica, Máni es el dios del carro que transporta a la Luna, en contraposición con su hermana Sòl, que transporta al Sol. La leyenda narra que, debido a que la hermana había sido entregada para ser esposa de un mortal cuyo nombre era Glenr, los dioses se enfurecieron, obligando a los dos hermanos a conducir los caballos que tiraban del Sol y la Luna, respectivamente, por toda la eternidad.

Dos lobos gigantescos se lanzaron entonces a la persecución de los dos hermanos. Sköll fue a la caza de Sòl y Màni fue perseguido por Hati, hijo del mítico lobo Fenrir.

Cuando llegue el Ragnarök, Máni será alcanzado y devorado por el lobo Hati, lo que provocará el eclipse lunar del fin del mundo.

Cuando llegue el Ragnarök, Máni será alcanzado y devorado por el lobo Hati, lo que provocará el eclipse lunar del fin del mundo

Anningan

Anningan es el dios inuit de la Luna que, como persigue por todo el cielo a su hermana Malina, diosa del Sol, no tiene tiempo de comer y se consume, para después tener necesidad de nutrirse, desaparecer para cazar y continuar con su ciclo eterno. Malina, para mantenerse alejada de su hermano, aparece en momentos diferentes.

Iae

Iae es el dios de la Luna para los mamaiuranos, una tribu amazónica que vive en Brasil. Según una leyenda, al inicio de los tiempos los pájaros en el cielo eran tan numerosos que sus alas impedían ver la luz del día. Era siempre de noche y la gente vivía con miedo al ataque de los animales salvajes.

Anningan es el dios inuit de la Luna que, como persigue por todo el cielo a la hermana Malina, diosa del Sol, no tiene tiempo de comer y se consume

Representación de Tecuciztécatl, del *Códice Borgia* o *Códice Yohualli Ehecatl*, traído a Europa en el siglo xv (Biblioteca Apostólica Vaticana).

Cansados de la oscuridad, Iae y su hermano Kuat decidieron obligar al rey de los pájaros, Urubutsin, a compartir parte de la luz del día con el pueblo del Amazonas. Los dos hermanos se escondieron dentro de un animal muerto y esperaron a que los pájaros se acercasen. Apenas Urubutsin hubo aterrizado, Kuat le agarró de una pierna. Incapaz de huir, Urubutsin fue obligado a llegar a un acuerdo con los dos hermanos. Los pájaros compartirían la luz del día con los mamauranos y el día alternaría con la noche. Desde entonces, Kuat ha representado el Sol e Iae la Luna.

Tecciztécatl (Tecuciztécatl)

Tecciztécatl (o Tecuciztécatl) en la mitología azteca era el dios destinado a convertirse en el Sol. Pero, para hacerlo, era necesario que saltase al fuego y se sacrificara. Tecciztécatl, temiendo al fuego, no tuvo el coraje de hacerlo. Entonces fue Nanahuatzin quien se sacrificó. El orgullo herido de Tecciztécatl le llevó a su vez a inmolarse, con lo que surgieron dos soles. El dios Tistiaxi lanzó un conejo sobre Tecciztécatl y lo convirtió en Luna.

En la teogonía bosquimana, la Luna se llena porque ha comido demasiado

Kashku (Hapantalli)

Kashku es el dios hitita y hurrita de la Luna, y cuando según las leyendas cosmogónicas de estos pueblos cae del cielo, toma el nombre de Hapantalli.

Arawa

Arawa es venerado como el dios de la Luna de las tribus africanas Pokot y Kalenjin, que viven en Uganda y en Kenia.

Ha sido creado por el omnisciente creador Tororut y su consorte Seta, que representa la constelación de las Pléyades.

Los hermanos pequeños del primogénito lunar son Ilat, la divinidad de la lluvia, y Kokel, el dios de las estrellas.

Kbbi-a

Para los bosquimanos, Kbbi-a es la Luna creada por Kaggen, la mantis, figura central de su mitología, que lanzó una sandalia al cielo que se convirtió en la Luna.

Kaggen es también el creador de Eland, una poderosa antílope (la más grande del mundo) que tiene dotes mágicas especiales.

En la teogonía bosquimana, la Luna se llena porque ha comido demasiado. Entonces el Sol, celoso de ella, la ataca y la rebana con cuchillos finos hasta dejarla en una costilla, que, sin embargo, se regenera convirtiéndose de nuevo en llena en el curso de un mes.

tu praesens nostro succurre labori   LUNA   Astrorum decus et nemor

celebraciones lunares tradicionales

n cualquier parte del mundo el culto de la Luna ha incluido siempre ritos particulares, oraciones y celebraciones dedicados al astro nocturno.

Todas las festividades lunares tienen sus raíces en un pasado remoto. Muchas de ellas, si bien transformadas, perduran hasta nuestros días con rituales y ofrendas específicas.

Entre las fiestas devocionales más reconocidas se encuentran los festivales orientales de la Luna orientales, todos nacidos de la antigua matriz china y, por tanto, con muchos elementos en común, como la presencia del conejo lunar, los dulces de la Luna y el periodo de festejos ligado a los ciclos de la recolección.

Aun así, debido a sus específicos orígenes geográficos y culturales, cada uno tiene inevitables variaciones

Otras festividades recordadas y muy seguidas todavía hoy son las de origen budista, que celebran la Luna en sus diversas fases durante la experiencia de Siddharta. Las africanas, por su parte, vinculan la Luna con la lluvia.

Los antiguos ritos lunares paganos del mundo grecorromano están reservados hoy día al estudio por arqueólogos e investigadores de historia de las religiones, aunque intentan sobrevivir, o por lo menos reinventarse, en algunos sectores del neopaganismo contemporáneo.

A continuación, daremos una reseña de las principales festividades dedicadas a la Luna, del pasado y de hoy.

Fiesta de la diosa Luna (Roma antigua)

En la Antigua Roma, el último día del mes dedicado a Marte, el 31 de marzo, era la fiesta de la diosa Luna, personificación del astro nocturno, y se celebraba con una ceremonia mágica de adoración de la poderosa divinidad lunar.

El carro de Artemisa/Diana, personificación de la Luna creciente. Grabado de Carlo Lasinio de 1695 de un original de Rafael de 1516.

Ceremonia del Magha
Puja, fiesta budista que
se celebra en la primera
Luna llena de febrero.

Nemoralia (Antigua Roma)

Consistía en un festejo de tres días en honor
de la diosa lunar Diana Nemorensis, celebra-
do todos los años en el altar del lago de Nemi,
conocido también como Espejo de Diana, en
las cercanías de Ariccia, durante los idus de
agosto.

El vínculo Luna-agua se ve reforzado con
testimonios de ritos votivos y devocionales
desde tiempos muy antiguos. Tradiciones
que datan del siglo I a. C. describen a los fieles de Diana que van en peregrinaje al santuario llevando candiles, antorchas y flores.
En honor de la diosa desfilaban también los
perros de caza con guirnaldas y adornos florales en el cuello. Los viajeros que se dete-
nían en las orillas norte y sur del lago eran
llevados por pequeñas barcas iluminadas
con linternas y los devotos llevaban a cabo
un lavado ritual de cabellos en el lago, ador-
nándose con guirnaldas floridas.

Las Nemoralias eran fiestas en honor a la diosa lunar Diana Nemorensis

Karva Chauth (India)

Es una fiesta que dura un día y está dedica-
da a la Luna protectora. La celebran las mujeres indias, sobre todo en la zona de Rayastán, en algunas partes de Uttar Pradesh,
Himachal Pradesh, Haryana y en el Punyab.
Coincide con el periodo de siembra del
trigo.

Karwa significa 'vaso de terracota' y es el
recipiente en el que se conserva el grano,

símbolo de paz y prosperidad. A su vez *chauth* quiere decir 'cuarto día' porque esta fiesta se celebra el cuarto día de Luna llena del mes de Kartik, que cae en octubre, según el calendario hindú.

La fiesta ritual consiste en un día de ayuno de comida y agua hasta que la Luna aparece en el cielo, protegiendo a los maridos de las celebrantes y dándoles a ellas longevidad y bienestar.

Todas las mujeres casadas toman antes del alba un desayuno ritual preparado para ellas por su suegra y después, con la salida del Sol, comienzan el ayuno.

El Karva Chauth hindú dura un día y está dedicado a la Luna protectora

La pirámide de la Luna
en Teotihuacán, periodo
Miccaotli, 150-200 d. C.

En Uttar Pradesh, la víspera de la fiesta se sirve el *soot feni* con leche y azúcar, mientras que en el Punyab se come un plato tradicional a base de leche y garbanzos, el nutriente *sargi thali*.

Durante el día las mujeres no hacen las labores de la casa, practican la *puja*, un rezo dedicado a los dioses, y se decoran unas a otras las manos con intrincados dibujos de henna.

Por la tarde se maquillan, se ponen joyas y se ponen en la frente el *bindi* rojo que indica su condición de mujeres casadas. Se visten con bellos saris con colores de la buena suerte, como el rojo, el naranja y el oro. Así engalanadas, se reúnen en círculo y cuando la Luna aparece, le ofrecen agua y se ponen cerca de sus maridos, reflejando sus caras en un recipiente de agua mirándolo a través de la *dupatta*, el velo que llevan sobre la cabeza, o un tamiz para la harina.

Después de romper el ayuno, las mujeres reciben regalos de sus maridos.

Fiesta de la Luna o Zhongqiu jie (China)

Una de las grandes fiestas tradicionales chinas en la que el folclore, la poesía y las leyendas se mezclan bajo los rayos lunares es la Fiesta de la Luna, llamada también la Fiesta del Medio Otoño (Zhongqiu jie), ya que cae en el decimoquinto día del octavo mes lunar, cuando la Luna es particularmente luminosa, ya que se encuentra a la menor distancia de la Tierra.

Las celebraciones para la fiesta de la Luna tienen orígenes remotos y se celebraban para que la cosecha llegase a buen término.

Los primeros testimonios de esta fiesta se remontan a la época de la dinastía Han, cuando el emperador Wu Di (156-87 a. C.) oficializó ceremonias de tres días de duración que se completaban con banquetes y la contemplación del astro nocturno. La fiesta, inicialmente reservada a la nobleza, se convirtió pronto en un acontecimiento nacional y ahora es la celebración más importante después de la del Año Nuevo.

Relatos de los festejos populares lunares están presentes desde la dinastía Tang. Durante aquel periodo las casas y los jardines se decoraban con graciosos farolillos.

Las ofrendas a la Luna, personificada por la diosa Chang'e, y su contemplación, acompañada por el sonido del gong y de los tambores, se encuentran aún hoy entre las celebraciones principales que empiezan por la noche, cuando la Luna se eleva en el cielo. La

La fiesta de la Luna (Zhongqiu jie) es una de las más tradicionales de China

Los templos de la Luna más famosos

Sobre el monte Aventino en Roma se encontraba el templo dedicado a la diosa Luna, que databa de la época de Servio Tulio. En él se celebraba a la deidad el 31 de marzo. El templo fue destruido durante el gran incendio del año 64 después de Cristo y no volvió a ser edificado.

Los templos romanos dedicados a Diana son muy numerosos. El más famoso está en el lago Nemi, cerca de Ariccia, y es conocido también como Espejo de Diana.

Una de las siete maravillas del mundo es el templo jónico de Artemisa o Artemisión, construido hacia el 550 a. C. por orden de Creso en Éfeso, en la actual Turquía.

En la zona occidental de Pekín surge el templo de la Luna dedicado a Chang'e, que fue erigido durante la dinastía Ming.

En Etiopía, en Yeha, se encuentra el edificio más antiguo del país: el Templo de la Luna, edificado en el 700 a. C. en honor de Almougah, la divinidad de la Luna. Uno de los templos de Chandra que se mantiene aún se encuentra en Thingalur, en el Tamil Nadu, en el extremo del subcontinente indio. Este data del siglo VII y está frecuentado por los fieles tamiles que rezan al dios y llevan lámparas votivas y flores a su imagen.

Cerca de Machu Pichu, en Perú, son visibles las ruinas del Templo de la Luna que está constituido por una cueva de mampostería en cuyo centro se erige un trono esculpido en la roca. Al lado del trono hay escalones que permiten bajar a más profundidad en la caverna.

También en el estado de México se alza el magnífico Templo de la Luna de Teotihuacán.

fiesta de la Luna (Zhongqiu jie) es una de las grandes celebraciones tradicionales chinas.

Como la Luna llena es considerada también símbolo de unión familiar, todos los miembros de la familia se reúnen en el patio alrededor de una mesa para admirar su claridad. En esta ocasión se comen los trece dulces de la Luna (cuyo número hace referencia a los meses de un año lunar completo) acompañados de fruta otoñal. A los chinos les gusta saborear los tradicionales dulces de la suerte con vino perfumado con osmanto (olivo dulce), que está en plena floración en el tiempo de la celebración.

Se encienden también incienso y velas, y los niños confeccionan farolillos de papel de arroz con los que decoran los árboles y las entradas de las casas y a los que hacen navegar escenográficamente en el agua.

En las calles de Hong Kong se celebra también la danza del dragón.

Tsukimi (Japón)

La fiesta de la Luna llena en Japón es una costumbre que viene de China y se difundió durante el periodo Heian (794-1185). Se llama Tsukimi, que significa 'admirar la Luna llena', y se celebra en la Luna de otoño, el decimoquinto día del octavo mes del calendario tradicional lunar japonés, que corresponde al mes de septiembre en el calendario actual.

El plenilunio del octavo mes estaba considerado el más bonito del año. Con esa ocasión, los aristócratas del periodo Heian se reunían para admirar la belleza de la Luna llena y darse un festín al tiempo que componían música y versos poéticos bajo su luz.

Hoy el Tsukimi se celebra ofreciendo a la Luna una especie de ñoquis peculiares redondos y blancos de harina de arroz llamados Tsukimi dango, cuya forma recuerda precisamente la de la Luna llena. Se cree que comer este plato tradicional durante la fiesta trae felicidad, prosperidad y salud.

Además, se hacen ofrendas en el espacio dedicado a la observación de la Luna, y también decoraciones con hierba susuki (*Miscanthus sinensis*), una gramínea ornamental que en el periodo Edo estaba considerada de buen augurio para la cosecha y de la que se creía que alejaba el mal. También los techos de las casas se decoran como ofrenda al dios

El Tsukimi en Japón se celebra ofreciendo a la Luna una especie de ñoquis peculiares redondos de harina de arroz cuya forma recuerda la Luna llena

El conejo y la Luna

La observación de la Luna ha generado leyendas en todo el mundo haciendo brotar, gracias a la particular conformación de los cráteres lunares, una pareidolia, es decir una ilusión subconsciente que recuerda formas conocidas. Muchos mitos orientales, por ejemplo, ven sobre la Luna la forma de un conejo. De hecho, en India, Japón y Corea existe la antigua creencia de que sobre la Luna vive un conejo visible desde la Tierra durante el plenilunio mientras trastea con una mano de mortero.

En la mitología china, ese conejo es el ayudante de la diosa lunar Chang'e y machaca los ingredientes para producir el elixir de larga vida.

La leyenda del conejo lunar aparece por primera vez en el periodo de los Estados combatientes, en el compendio poético *Chu Ci*. En textos sucesivos como el *Taiping yulan*, compuesto bajo la dinastía Song, se llama también conejo de jade o conejo de oro y se festeja en la fiesta de medio otoño dedicado a la Luna.

En Japón y en Corea el conejo machaca el mochi, un dulce a base de arroz glutinoso y judías azuki.

La presencia del conejo lunar en el folclore oriental se origina, en todo caso, en una fábula moralista budista, *El sasajataka*, sujeta a pequeñas variantes dependiendo del país.

Se dice que durante la Uposatha, la fiesta lunar budista, cuatro animales se cruzaron con un viandante hambriento y le ofrecieron hospitalidad. El mono se subió a los árboles para llevar fruta, la nutria pescó siete peces, el chacal se apropió furtivamente de comida robándolo de una casa y el conejo, que no tenía grandes habilidades, pudo llevarle solo hierba, y entonces se ofreció él mismo. El viandante, que en realidad era la divinidad Sakra, apreciando el gesto del roedor, inmortalizó su imagen sobre la Luna para que fuera recordado por todos.

Esta antigua leyenda tiene la intención de conmemorar las cualidades budistas del sacrificio y la caridad.

Una interpretación moderna del conejo de la Luna.

Representación de Rahu en el templo de Phayao, en Tailandia. En la religión hindú, es uno de los nueve cuerpos celestes del universo (navagratha), encargado del camino de la Luna creciente en el cielo, gobierna los eclipses y es príncipe de los meteoritos. Su opuesto es Kethu, que preside la fase decreciente de la Luna.

de la Luna, Tsukiyomi, con flores otoñales en composiciones de ikebana.

Todos los frutos otoñales se presentan a la Luna, en particular las batatas durante el plenilunio y las judías y las castañas durante la Luna creciente. La fiesta de la Luna se llama también Imomeigetsu ('Luna de la recogida de las batatas'), Mamemeigetsu ('Luna de la recolección de las judías') y Kurimeigetsu ('Luna de la recogida de las castañas'). También se hacen ofrendas de tubérculos de taro (parecidos a la patata) para tener una familia próspera.

Têt Trung Thu (Vietnam)

El Têt Trung Thu es la fiesta de la Luna llena más luminosa del año, que corresponde con la de mitad del otoño. Las celebraciones son muy similares a las otras fiestas orientales de la Luna e incluyen dulces que hacen referencia al

satélite, entre ellos, una tortita blanca que representa la Luna llena y una cuadrada que representa la Tierra con un huevo en el centro.

También aquí hay farolillos, bailes, desfiles y un espectáculo basado en una leyenda de la Luna vietnamita llamada Chi Hang Nga y Chu Cuoi. Durante el desfile se lleva a cabo la danza del dragón, en la que un personaje

> El Têt Trung Thu es la fiesta de la Luna llena más luminosa del año, que corresponde con la de mitad del otoño

calvo y opulento llamado Ong Dia baila con
los dragones, a los que invita a seguirlo con un
abanico para alcanzar una saca roja llena de
premios que está colgada en un árbol. Gana
el dragón (normalmente formado por tres
personas) que consiga cogerla saltando hacia arriba. Este espectáculo cierra el festival
de la Luna.

Ong Dia danza con los
dragones, a los que invita a
seguirlo para alcanzar una
saca roja llena de premios
colgada de un árbol

El conejo de jade y Sun Wukong,
ilustración de *Los cien aspectos de la
Luna* (1886-1889), de Tsukioka
Yoshitoshi. El rey mono lucha con el
conejo en el *Viaje al Oeste,* una
novela popular de la dinastía Tang
(618-907 d. C.).

Chuseok (Corea)

El Chuseok en Corea es la fiesta de mitad de otoño o fiesta de agradecimiento por la buena cosecha. Los festejos duran una semana. Los coreanos se dirigen a las ciudades natales de sus antepasados y comparten un banquete familiar a base de alimentos y bebidas tradicionales, como el *songpyeon,* pastel típico con forma de cuerno a base de arroz, sésamo, canela, azufaifa, piñones y judía mungo cocinada al vapor sobre una capa de agujas de pino.

Los *songpyeon* son importantes también por el significado de su forma, ya que cuando la pasta de arroz se abre recuerda la Luna llena, mientras que cuando envuelve el relleno tiene forma de media Luna.

Otra comida tradicional son las *hangwa,* dulces hechos con ingredientes altamente nutritivos, como harina de arroz, miel, frutas y raíces, que se consumen no solo durante la fiesta de la Luna, sino también en ocasiones especiales, como bodas y cumpleaños. Se sirve también el famoso *bulgogi,* hecho con láminas de carne marinadas en soja con jengibre y sésamo. El banquete se acompaña con vinos de arroz fermentados.

La mañana del Chuseok se celebra el Charye, una función para los antepasados, que son honrados, y se agradece a las cuatro generaciones anteriores los favores concedidos. La creencia más popular es que una persona, aunque esté físicamente muerta, sobrevive como espíritu para proteger a los propios descendientes, por lo que se le ofrece comida.

La disposición de la comida en la mesa sigue reglas estrictas: el arroz y la sopa se ponen al norte; la fruta y la verdura, al sur; la carne, al oeste y en el centro, y postres y bebidas se colocan al este.

Durante esta fiesta los habitantes de los pueblos se disfrazan de vaca o de tortuga y van de casa en casa, los hombres luchan o se retan al tiro con arco y las mujeres bailan bajo la Luna llena.

Purnama (Indonesia)

Un evento especial para los balineses es el día de la Luna llena, que se invoca para obtener una cosecha abundante.

Esta fiesta de agradecimiento se celebra en abril y en octubre. Para la ocasión, mujeres y niños preparan ofrendas con decoraciones de hojas de palma entrecruzadas, flores, frutas y dulces de arroz. Las mujeres llevan esas ofrendas sobre la cabeza y las presentan en el templo. Los hombres, por su parte, cocinan el tradicional plato de cerdo para ofrecérselo a los dioses. La diosa de la Luna es la reina de la fiesta. Los templos se decoran con telas doradas y las estatuas de las divinidades se limpian y adornan.

Este es un día tradicionalmente propicio para las bodas.

Loi Krathong (Tailandia)

Loi Krathong es la fiesta de la plegaria lunar y tiene orígenes antiquísimos. Se celebra no solo con especial referencia a la Luna, sino también en honor a Mae Kongka, diosa de las aguas que cabalga en un cocodrilo.

Los festejos se realizan la noche del plenilunio del duodécimo mes del calendario lunar tradicional tailandés, que coin-cide generalmente con el mes de noviembre. Ese día, todos participan en los rezos, se sientan alrededor de una bandeja llena de fruta, taro y pastelillos tradicionales e

Loi Krathong es la fiesta
de la plegaria lunar

El festival Loi Krathong, en el templo Wat Arun de Bangkok, en Tailandia.

intercambian felicitaciones. En particular, no pueden faltar los pomelos, porque los tailandeses mantienen que este fruto es el símbolo de la Luna, de la reunión y de la abundancia.

Para celebrarlo se construyen pequeñas balsas de loto con incienso y velas que se envían a navegar al agua y también se hacen volar farolillos de papel.

En la tradición tailandesa no pueden faltar los pomelos, símbolo de la Luna

Detalle de la pintura mural
en el pasillo del Uposatha
en el Templo Budapadipa
Wimbledon, Inglaterra.

Uposatha (India)

El Uposatha es una festividad religiosa india
que se repite semanalmente y en la que los
budistas se dedican a la observación de los
ocho preceptos de la moral, visitando los mo-
nasterios locales y escuchando la enseñanza
de los monjes y de los sabios.

Este día sagrado sigue el calendario lunar. De hecho, se celebra en los días de Luna
nueva, de primer cuarto, de Luna llena y de
tercer cuarto.

Con ocasión de esta fiesta en los monas-
terios, sus monjes se abstienen de realizar
trabajos físicos y se dedican exclusivamente a
la meditación y al estudio.

Bon Om Touk Khmer (Camboya)

El festival Bon Om Touk Khmer, es decir, festival del agua y de la Luna, se celebra en Cam-
boya en noviembre. Señala la inversión del
flujo del río Tonle Sap, un raro fenómeno natural relacionado con las mareas.

En esta festividad en la capital, Phnom
Penh, se organizan regatas en el río Sisowath
Quay y se pueden admirar las barcas reales
iluminadas.

El festival camboyano del agua y de la Luna dura tres días

Las celebraciones incluyen espectáculos
pirotécnicos, plegarias a la Luna, competi-
ciones de barcas con los dragones y concier-
tos nocturnos en el agua.

El festival dura tres días y conmemora el
final de la estación de las lluvias. El último

día de la fiesta es el Sampeah Preah Khae, o lo que es lo mismo, el saludo a la Luna, cuando se cocina el tradicional *ak ambok*, un plato de arroz frito acompañado de plátanos, ñame y coco para honrar a Pouthesat, el conejo lunar.

El último día de la fiesta camboyana es el Sampeah Preah Khae, es decir, el saludo a la Luna

Escultura dorada del Buda Avalokiteshvara (Buda de las cien manos) venerada en Vesak, día de la Luna llena en el mes de mayo. Templo Baodingshana en Dazu, Chongquing, China.

Vesak (India-Sri Lanka)

Esta fiesta del plenilunio conmemora el nacimiento, la iluminación y el *páranirvana* del Buda histórico Sakyamuni. Durante la fiesta, que se hace el último fin de semana de mayo, se celebran los tres momentos fundamentales de la vida de Buda. De hecho, según la tradición budista, el príncipe Gautama Siddharta nació en el plenilunio de este mes; 35 años después, durante la Luna llena, tuvo lugar la iluminación bajo el Árbol del Bodhi, y murió con 80 años, también con el plenilunio.

El Vesak es la fiesta budista más sagrada, celebrada por los creyentes en todo el mundo, incluso en Europa. Durante esta fiesta, los creyentes se reúnen en el templo y la estatua de Buda se adorna y se decora con guirnaldas de flores.

Un monje da un discurso sobre la aparición de Buda y su enseñanza, y los creyentes decoran sus casas con guirnaldas y velas y se dan regalos. A los pobres se les regala dinero y comida y se liberan los pájaros capturados.

La Luna es considerada por los pigmeos como madre y refugio de los fantasmas

La fiesta de la Luna (África Central)

Los pigmeos africanos que viven en los bosques ecuatoriales celebran la fiesta de la Luna nueva un poco antes del inicio de la estación de las lluvias.

Este pueblo considera a la Luna, a la que denominan Pe, un arquetipo femenino, principio de generación y madre de la fecundidad.

Lo cierto es que las celebraciones de la fiesta de la Luna nueva están reservadas a las mujeres, mientras que los ritos en honor al Sol, del que creen que es el ojo del Dios supremo, se oficial solamente por hombres.

La Luna es considerada por los pigmeos como madre y refugio de los fantasmas, y las mujeres, para glorificarla, se maquillan la piel y el cabello con fango y esencias vegetales hasta estar blancas como espectros y rayos de Luna.

El ritual consiste en una incesante serie de danzas y plegarias destinadas a la Luna, madre de las cosas vivas, y en la preparación de una bebida alcohólica a base de plátanos fermentados que consumen las mujeres agotadas por la danza.

A los hombres les está prohibido bailar con las mujeres, pero acompañan a las bailarinas con los tambores tradicionales. Durante las celebraciones se pide a la Luna el don de la fecundidad para toda la tribu, y se invocan una buena caza, una buena pesca y abundancia de fruta.

CUARTA PARTE
apéndice

nombres botánicos

Denominaciones comunes y sus correspondientes términos científicos de las principales plantas nombradas en esta obra.

Acelga, *Beta vulgaris* var. *Cicla*
Ajo, *Allium sativum L.*
Amapola, *Papaver rhoeas*
Asafétida, *Ferula assa-foetida*
Azafrán, *Crocus sativus*
Azufaifa, *Ziziphus jujuba*

Belladona, *Atropa belladonna*

Calabaza, *Cucurbita máxima*
Caléndula, *Calendula officinalis*
Canela, *Cinnamomum verum*
Castaño, *Castanea sativa o castanea vesca*
Cebolla, *Allium cepa L.*
Ciprés, *Cupressus sempervirens*
Coco, *Cocos nucifera*
Correhuela, *Convolvulus arvensis L.*

Dalia, *Dahlia*

Espinaca, *Spinacia oleracea*

Fresa silvestre, *Fragraria vesca L.*

Guisante, *Pisum sativum*

Hortensia, *Hydrangea macrophilla*

Jazmín, *Jasminum multiflorum*
Jengibre, *Zingiber officinalis*
Judía, *Phaseolus vulgaris*

Luna y cielo estrellado dominan la alegoría de la astrología en un grabado de *De sphaera mundi* **del siglo** xv **(Biblioteca Municipal del Archiginnasio, Bolonia).**

Laurel, *Laurus nobilis L.*
Lechuga, *Lactuca sativa*
Lenteja, *Lens esculenta o Lens culinaris*
Lirio, *Lilium candidum L.*

Maíz, *Zea mays*
Malanga, *Colocasia esculenta Medik*
Melocotonero, *Prunus persica L.*

Nabo, *Brassica rapa* subsp. *rapa*

Ñame, *Dioscorea alata*

Patata, *Solanum tuberosum*
Pepino, *Cucumis sativus*
Pimiento, *Capsicum annuum Group*
Pomelo, *Citrus × paradisi*
Puerro, *Allium ampeloprasum*

Rábano, *Raphanus raphanistrum*
Remolacha, *Beta vulgaris*
Romero, *Rosmarinus officinalis*

Sauzgatillo, *Vitex agnus castus*
Sésamo, *Sesamum indicum*
Soja, *Glycine max*

Tomate, *Lycopersicon esculentum o Solanum lycopersicum L.*
Trufa, *Tuber magnatum*
Tupinambo, *Helianthus tuberosus*

Violeta, *Viola odorata*

Zanahoria, *Daucus carota L.*

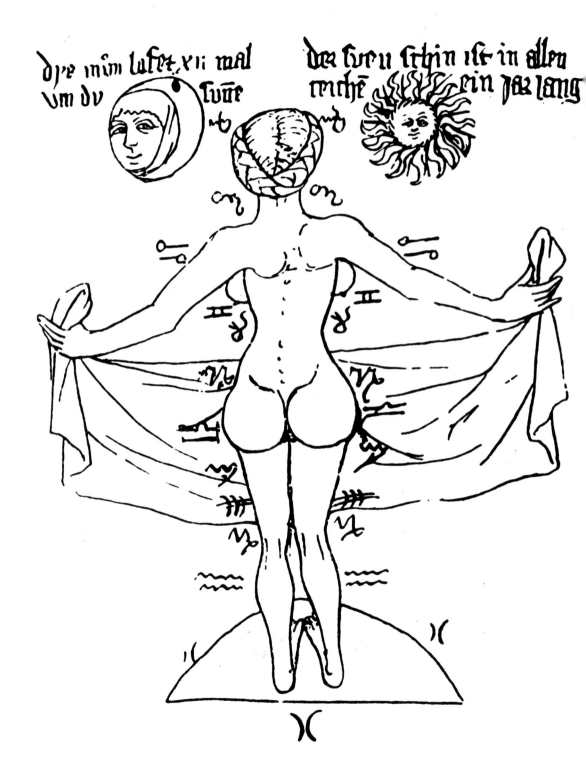

índice analítico

A

abandono, 64

abandono de los sentidos, 56

abismo, 130

abril, 131, 165

abundancia, 74, 91, 134, 167, 170

aceites, 59

Acelga, 54, 66, 175

achicoria, 30

Acropora millepora, 96, 97

Acuario (signo zodiacal), 64

Adams Locke, Richard, 59

Adán, 136

adivinación, 54, 56, 74, 96

adularescencia, 94

adularia lattiginosa, 94

África, 74, 134, 170

agilidad, 119

Agli-bol, 144, 145

agosto, 131, 156

agresividad, 86, 100

agricultura, 24, 27, 113, 117, 119, 131

agua, 7, 16, 22, 23, 24, 27, 39, 45, 53, 59, 60, 64, 69, 70, 79, 84, 88, 91, 92, 93, 94, 96, 107, 111, 114, 122, 132, 134, 142, 156, 157, 158, 160, 167, 168

agua de luna, 22

agua licantrópica, 107

agua lustral, 22

Ahura Mazda, 134

Áine, 121

ainu, 87, 142

aire, 53, 56, 60, 69, 70, 107, 122, 130

aire libre, 60, 107, 122

ajedrez, 121

ak ambok, 169

alabastro, 119

Alako, 149

alakuu, 149

Alaska, 86

albanos, montes, 117

Alcanfor, 74

Aldegrever, Heinrich, 66

Alessandria, Stefano, 84

alma, 47, 62, 74, 94, 142, 149

alquimia, 70, 82

alta magia, 56, 60

Altair, 22

aluviones, 122

Amapola, 74, 175

Amaterasu, 144

Amazonas, 152

ambigüedad, 59

amor, 30, 53, 54, 56, 72, 74, 77, 91, 94, 101, 113, 119, 121

amuletos, 41, 53, 54, 74, 92, 94

amuletos apotropaicos, 92

Anatolia, 141

Andes, 125

anguilas, 132

animal sagrado, 134

animal totémico, 80

animales telúricos, 80, 117

Anningan, 150, 151

ansiedad, 64

Antiguo Egipto, 88, 119, 142

antílope, 152

Anubis, 91

aparato digestivo, 56

apatía, 62, 64

Apolo, 16, 18, 114, 117

Arawa, 152

árboles frutales, 59, 60

arbusto trepador, 72

Arcadia, 114

argivos, 91

Arianrhod o Margawse o Morgause, 121

Ariccia, 117, 156, 159

Aries, 51

Ariosto, Ludovico, 100, 101

arquero, 121, 122

arroyos, 22

Ars medica, 103

Rayab, 149

Rayastán, 149, 156

rayos, 88, 92, 94, 123, 158, 170

reacciones, 47

religión cananea, 146

religión védica, 93

remedios, 53, 56, 59

remedios naturales, 53, 56

renacimiento, 9, 42, 84, 88, 148

reproducción, 4, 72

retención de líquidos, 60, 98

riñones, 56

riqueza, 53, 74

ritos curativos, 72

rituales adivinatorios, 74

rituales curativos, 72

rituales de purificación, 42, 74

rituales mágicos de iniciación, 42

rizomas, 62

rocío, 22, 88, 146

rodilla, 62, 130

Roma, 113, 119, 155, 156, 159

romanticismo, 47

romero, 54, 175

romper maldiciones, 45

romper maleficios, 72

Rona, 132, 133, 134

rotación síncrona, 14

rueda de la vida, 117

Rumanía, 106

Rusia, 106

S

sabiduría, 51, 82, 126, 142

sacrificio, 87, 161

Sadarnuna, 136

Saga de los volsungos, 104, 105

Sagitario, 60

Sakuru, 126

Sakyamuni, 170

salud, 48, 51, 53, 54, 56, 60, 64, 72, 100, 121, 160

Sampeah Preah Khae, 169

San Marcos de Venecia (plaza), 62

san Patricio, 100

sanación, 74, 119

sandías, 30

sánscrito, 148

santuario, 156

sapos, 69

sargi thali, 158

Sarpandit, 136

satélite, 13, 17, 21, 22, 27, 48, 139, 162

Satiricón, 105

Saturno, 62, 64, 70

sauzgatillo, 69, 74, 175

savia, 27, 34

Schöffer el Viejo, 72

Sejmet, 119

Selene, 7, 16, 98, 113, 115

selenita, 69, 98

sellos, 141

sembrar, 30, 51, 59

semen, 148

semillas, 27, 30, 51, 70, 77

sensibilidad, 47, 56

sentimiento, 47

septiembre, 131, 160

sepultura, 117

sequedad de la piel, 62

serpiente, 79, 84, 122, 124, 130, 136

sésamo, 165, 175

Seta, 152

Sforza, Visconti, 64

Shamash, 141

Shennong o Curador Divino, 24

Shiva, 91, 146

Schöffer el Viejo, Peter, 72

Sidereus Nuncius, 34

siega, 32

siembra, 13, 28, 30, 34, 35, 53, 156

significados esotéricos. 39
    Véase esoterismo

signo de aire, 53, 56

signo de fuego, 60

signo de tierra, 51

signos de agua, 64

signos del Zodiaco, 5

Silewe Nazarate, 130

simbolismo, 79, 88, 91, 92

Sin, 23, 53, 64, 122, 141

Sinaí, 141

sintoísmo, 144

Ilustración de una edición francesa de mitad del siglo XIX de *Las aventuras del barón Münchhausen*, novela fantástica escrita por Rudolf Erich Raspe en 1785.

Referencias fotográficas

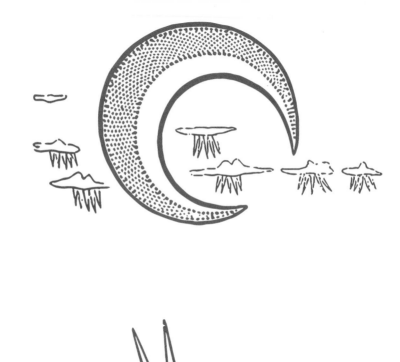